박시백의 조선왕조실록

20

망국

일러두기

2024 어진 에디션은 정사 《조선왕조실록》을 바탕으로 한 이 책의 특징을 드러내고자
어진과 공신화에서 모티브를 얻어 박시백 화백이 새롭게 표지화를 그렸다. (표지화 인물: 고종)

박시백의
조선왕조실록

The Veritable Records of   20   The Fall of Joseon
the Joseon Dynasty

망국

Humanist

머리말

　　　외환위기가 한창이던 때였다. 어쩌다가 사극을 재미있게 보게 되었는데 역사와 관련한 지식이 너무도 부족한 자신을 발견하게 되었다. 그도 그럴 것이 젊은 날에 본 역사서는 근현대사가 대부분이었고, 조선사에 대한 지식이라고는 중·고교 시절에 학교에서 배운 단편적인 것들이 거의 전부였다. 당시 나는 신문사에서 시사만화를 그리고 있었다. 다행히 신문사에는 조그만 도서실이 있었는데, 틈틈이 그곳에서 난생처음 조선사에 대한 여러 책을 접할 수 있었다.

　　　조선사, 특히 정치사는 흥미진진했다. 거기에는 우리에게 익숙한 수많은 역사적 인물의 신념과 투쟁, 실패와 성공의 이야기가 있었고, 《삼국지》나 《초한지》 등에서 만나는 극적인 드라마와 무릎을 치게 하는 탁월한 처세가 있었다. 만화로 그리면 재미있겠다는 생각이 들었다. 몇 권 더 구해 읽다 보니 한 가지 궁금증이 생겼다. 어디까지가 정사에 기록된 것이고 어느 부분이 야사에 소개된 이야기인지가 모호했다. 이 대목에서 결심이 섰던 것 같다. 조선 정치사를 만화로 그리자, 그것도 철저히 《실록》에 기록된 정사를 바탕으로 그리자.

　　　곧이어 다니던 신문사를 그만두고 《국역 조선왕조실록 CD-ROM》을 구입했다. 돌이켜보면 참 무모한 결심이었다. 특정한 출판사와 계약한 것도 아니고, 《실록》의 한 쪽도 직접 본 적 없는 상태에서 작업에 전념한다는 미명 아래 회사부터 그만두었으니. 내 구상만 듣고 아무 대책 없는 결정에 동의해준 아내에게도 뭔가가 씌웠던 모양이다. 궁궐을 찾아 사진을 찍고 화보자료를 찾아 헌책방을 기웃거렸다. 1권에 해당하는 부분을 공부한 뒤 콘티를 짜기 시작했다. 동네를 산책하면서도 머릿속에서는 항상 그 시대의 인물들이 이야기를 주고받고 다투곤 했다. 어쩌다 어떤 인물의 행동이 새롭게 이해되기라도 하면 뛸 듯이 기뻤다.

마침내 펜션을 입히면서 수십 장이 쌓인 뒤 처음부터 읽어보면 이게 아닌데 싶어 폐기하기를 서너 번, 그러다 보니 어느새 1년이 후딱 지나가버렸다. 아무런 결과물도 없이 1년이 흘렀다고 생각하니 슬슬 걱정이 차오르기 시작했다. 이러다간 안 되겠다 싶어 100여 장의 견본을 만들어 무작정 출판사를 찾아가기로 했다. 그렇게 견본을 만든 후 몇 군데에서의 퇴짜는 각오하고 출판사를 찾아가려던 차에 동료 시사만화가의 소개로 휴머니스트를 만나게 되었고, 덕분에 다른 출판사들을 찾아가지는 않아도 되었다.

이 만화를 그리며 염두에 둔 나름의 원칙이 있다면 이랬다.
첫째, 정치사를 위주로 하면서 주요 사건과 해당 사건에 관련된 핵심 인물들의 생각과 처신을 중심으로 그린다.
둘째, 《실록》의 기록을 바탕으로 하면서 학계의 최근 연구 성과를 적극 고려하고 필자 스스로도 적극적으로 해석에 개입한다.
셋째, 성인 독자들을 주된 대상으로 삼되, 청소년들과 역사에 관심이 남다른 어린이들이 보아도 무방하게 그린다.

흔쾌히 출판을 결정해준 휴머니스트 김학원 대표와 책이 나오는 데 애써준 휴머니스트 식구들에게 감사드린다. 그리고 언제나 곁에서 응원해주고 적절히 비판해주는 아내와 사랑하는 두 딸! 고맙다.

2003년 6월

2024. 6

세계기록유산은 모두의 것이며,
모두를 위해 온전히 보존되고 보호되어야 하며,
문화적 관습과 실용성을 충분히 인식하여
모든 사람이 장애 없이 영구적으로 접근할 수 있어야 합니다.

The world's documentary heritage belongs to all,
should be fully preserved and protected for all and,
with due recognition of cultural mores and practicalities,
should be permanently accessible to all without hindrance.

―〈유네스코 '세계의 기억' 프로그램의 목표〉 중에서

대한민국 국보 제151호
유네스코 세계기록유산
조선왕조실록

진실성과 신빙성을 갖추고
25대 군주, 472년간의 역사를 6,400만 자에 담은
세계에서 가장 장구하고 방대한 세계기록유산.
세계인이 기억해야 할 위대한 유산
《조선왕조실록》의 세계로 초대합니다.

차례

머리말 4
등장인물 소개 10

제1장 동학의 확산과 농민의 각성

열강과 조선 16
잃어버린 10년 26
동학의 세력화 35
보은집회 전후 42

제2장 1894, 갑오년

났네 났어, 난리가 났어 52
청일전쟁 속으로 63
갑오개혁 75
농민군의 재봉기 82
녹두꽃은 떨어지고 92

제3장 인아거일(引俄拒日)

일본의 승리, 그리고… 106
삼국간섭 전후 116
여우 사냥 126
반일 세력의 움직임 138
아관파천 149
명성황후와 흥선대원군 157

제4장 대한제국과 독립협회

황제가 되다　174
독립협회운동　179
만민공동회　186
독립협회의 종언　203
광무개혁과 이런저런 역모　215

제5장 스러지는 자주국의 꿈

러일전쟁　226
을사조약　236
충격과 분노　246
자강운동　261

제6장 왕조는 무너졌으나

고종의 퇴위　272
항일 의병　283
순종 3년　288
안중근　293
막이 내리고　301

작가 후기　316
《망국》연표　318
조선과 세계　325

남은 이야기

망국 후의 황실　328

축하의 글　338
The Veritable Records of the Joseon Dynasty　340
Summary: The Fall of Joseon　341
세계기록유산,《조선왕조실록》　342
도움을 받은 책들　343

등장인물 소개

고종

명성황후

순종

엄 귀비와 그가 낳은 황태자 이은

흥선대원군

이준용
흥선대원군이 고종을 폐하고
보위에 세우려 했던 그의 장손자.

민영준
갑오년 이전
민씨 척족의 실력자.

홍계훈
농민군 토벌을 지휘했고,
왕비 시해 때 피살된다.

조병갑

유길준
박영효 실각 후
정국 실세로 부상한다.

김개남

손화중

동학농민군의 지도자들

손병희　　최시형

전봉준

김옥균

홍종우
김옥균을 암살하고
뒷날 황국협회를 이끈다.

김홍집 · 어윤중
갑오개혁 때 주도적 역할을 했고
아관파천 후 비극적 최후를 맞는다.

박영효
갑오개혁 후반기
정국을 주도한다.

서광범

우범선
왕비 시해에 가담한
훈련대 대대장.

윤석우
타다 남은 왕비의 시신을
묻어준 죄로 사형당한다.

베베르
러시아 공사.

앨런

이노우에 · 미우라
왕비 시해를 이끈 일본 공사들.

서재필 · 윤치호
독립협회운동을 이끈 주역.

송병준 · 이용구
일진회 지도자.

박정양
독립협회에 우호적이었다.

민종식 · 최익현 · 신돌석
을사의병의 대표적 지도자들.

조병식
독립협회와 대립했던 보수파 대신.

박제순 · 이지용 · 이완용 · 권중현 · 이근택(을사오적)

이용익

민영환

이준 · 이상설 · 이위종 (헤이그 밀사)

한규설
을사조약 당시 참정대신으로 조약 체결에 반대했다.

박승환
군대 해산에 항의해 권총으로 자결함.

허위 · 이강년 · 이인영
정미의병의 지도자들.

안중근

이토 히로부미

황현

갑오동학혁명기념탑
동학농민전쟁을 기념하기 위해 세운 탑으로 1963년에 건립되었다. 탑 전면에 동학군의 핵심 구호였던 '제폭구민 보국안민'이 한자로 새겨져 있다. 전북 정읍시 덕천면 황토현 전적지에 있다.

제1장

동학의 확산과 농민의 각성

열강과 조선

갑신정변은 이웃한 강국들과 조선의 국내 정치가 밀접히 결합될 수 있고

또한 그들의 개입으로 국제 정치화할 수 있음을 보여주었다.

정변 이후 이런 경향은 더욱 강화되었다. 청국과 일본 외에 새로운 열강이 조선과 이해관계를 갖게 되었기 때문이다. 그 선두에는 러시아가 있었다.

하이!

조선과 수교한 후 러시아는 호의를 보이며 적극적으로 접근해왔다.

우리도 알고 보면 이웃사촌 아닙니까?

그건 그렇지요.

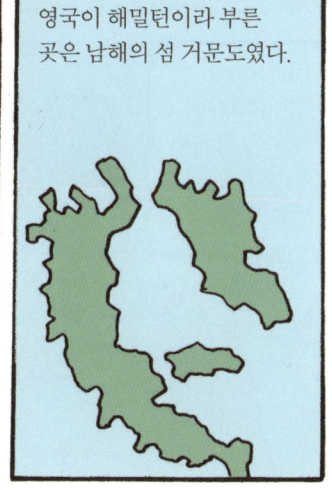

왕도 직접 나아가 맞이하기는 했지만

한마디도 건네지 않았다.

그리고 형식상의 예우는 최상으로 하되

대원군 존봉 예식
1. 가마는 8인교로
1. 거북 흉배에

1. 초선은 일산으로

1. 대신은 대원군 앞에 소생이라 칭하고 그 이하는 소인이라 칭하게 한다.

사실상의 가택연금으로 응수했다.

대문에 차단봉을 설치하고

조정 신하는 명을 전하는 경우가 아니고는 사적으로 찾아가 보지 못하게 하라!

그래도 대원군은 존재 자체로 왕과 왕비에 대한 견제 효과가 있었으리라.

아직 20대에 불과한 그는 오만한 태도로

왕과 왕비의 심기를 거슬렀고

다른 나라 공사들까지 불쾌하게 만들었다.

그렇다 해도 그의 내정 간섭이 전통적인 방식(명목상 속국으로 여기지만 내치는 자치를 허용하는)을 전면 부정하는 정도까지는 아니었다.

"하긴 뒷날의 일본식 보호정치와 비교해보면 정도가 약하긴 해"

"어린 게 너무 설쳐서 모든 걸 좌지우지하는 총독처럼 보였나?"

또 설령 그렇게 하려 해도 쉽지는 않았을 것이다.

일본이나 러시아가 견제에 나섰을 것이고

영국이나 미국 등도 관심을 가지고 지켜보는 환경이었기 때문이다.

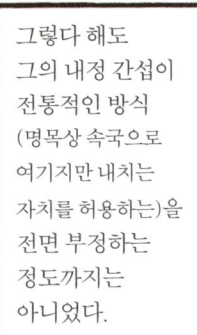

그 때문에 1884년 이후의 조선 정세는 겉으로는 청나라가 일방적으로 주도하는 듯이 보이면서도

일본, 러시아를 비롯한 열강과 묘한 세력 균형이 이루어지고 있는 형국이었다.

이런 형세는 10년간 이어졌다.

잃어버린 10년

열강 간의 세력 균형이 유지된 갑신정변 이후의 10년은

1884 1894

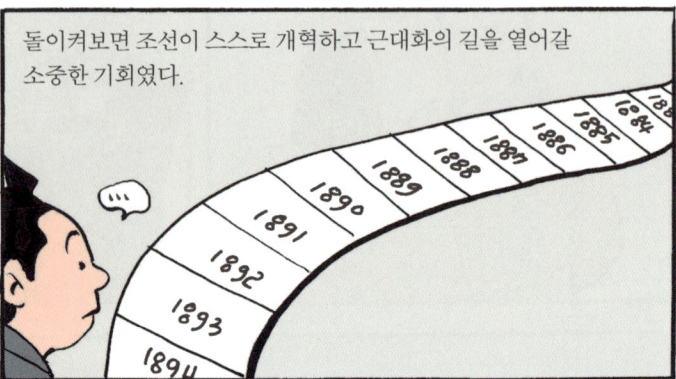

돌이켜보면 조선이 스스로 개혁하고 근대화의 길을 열어갈 소중한 기회였다.

내부 여건도 좋았다. 먼저 개화의식이 크게 성장했다.

開化

서양이나 일본에 다녀온 이들이 많아지고

휘둥그레 / 떡…

〈한성순보〉나 번역된 책들을 통해 서양 세계에 대한 조신들의 이해가 넓어졌다.

미국에선 대통령도 선거로 뽑고…

의회는…

영국의 수도 런던엔 땅속으로 철마가 다닌다지?

일본에도 철마가 달리기 시작했대.

경복궁에 처음 전깃불이 밝혀졌는가 하면

개항지나 서울 곳곳에 양옥집이 늘어났다.

이렇듯 겉으로는 적지 않은 변화가 있었지만

조선은 이 10년 동안 크게 달라지지 못했다.

무엇이 문제였을까?

개혁 주체가 제대로 준비되지 못했기 때문이다.

개화, 근대화에 대한 막연한 동의만 있었지, 확고한 신념도 전략도 없었다.

짧은 시간에 거둔 놀라운 성과로 일찍이 어떤 나라도 가보지 않은 길을 간 것이다.

후발 주자인 조선에 일본의 성공 사례는 귀중한 이정표가 되어줄 터였다. 그들의 성공 요인과 과정에 나타난 병폐들을 연구해

조선이 가야 할 길을 찾아야 했다. 그런데 그럴 주체도 지도력도 없었다.

조선의 개화는 단지 어설픈 흉내 내기에 지나지 않았다.

국가 주도 개혁의 밑천이 되어야 할 재정은 열악하기 그지없었다.

기본 조세는 물론 각종 무명잡세로 백성은 늘 등골이 휘었지만

중앙으로 올라오기까지 중간에서 새는 양이 더 많았다.

결국 개화와 근대화는 내정 개혁을 동반하는 것이어야 하는데

개혁의 주체여야 할 '위'는 어느 것도 제대로 손대지 못한 채 구체제를 그대로 유지하고 있었다.

구체제에 균열을 내는 일은 결국 '아래'의 몫이었다.

동학의 세력화

혹세무민 혐의로 한양으로 압송되던 최제우는

철종이 죽고 고종이 즉위하는 와중에 대구 감영에 갇혔다가

처형, 효수되었다.

그러나 교주의 죽음에도 동학의 교세는 수그러들지 않았으니

시천주 조화정 영세불망 만사지

시천주…

영세불망…

여기에는 도통을 이어받은 2대 교주 최시형의 공이 컸다.

그리하여 고종 29년(1892) 신도 1,000여 명이 공주에 모여 집회를 열었다.

시천주조화정…

지도부는 요구 사항을 충청 감사 조병식에게 전달했다.

우리는 왜와 양이의 해독에 분노하며 성심 수도를 통해 광제창생, 보국안민을 원할 뿐.

지방관들이 동학교도에게 가하는 학정을 그치게 해주고 주상 전하께 선대 교주님의 신원을 상주해주십시오.

이에 조병식은 이렇게 답하면서도

동학은 사학(邪學)이다. 동학을 금하는 것은 나라에서 하는 일이므로 감영에 호소할 일이 아니다.

각 고을에 다음의 내용으로 공문을 내려보내 요구의 일부를 수용하는 모습을 보였다.

이후 사학을 금하는 과정에서 자행되는 폐단을 일체 금할 것.

＊광제창생(廣濟蒼生): 널리 세상 사람을 구해내다.

그 가운데서도
유생 박제삼의
소를 보면
당시 지배 세력이
가졌던
두려움의 정도를
엿볼 수 있다.

> ⋮
> 선생을 신원하겠다고 공공연히 말하며
> 새로운 명목을 표방해 내세우고 어리석은 사람들을
> 위협하거나 꾀어 들여 같은 패거리로 만들었습니다.
> 팔도에 세력을 뻗치니 움직였다 하면 그 수가
> 만 명을 헤아리게 되었으며 마을에서 제멋대로
> 행동하고 감영과 고을에서 소란을 일으켰습니다.
>
> 수령은 겁을 먹어 어찌할 바를 모르고 감사는 두려워
> 감히 누구도 어떻게 하지 못했습니다.
> 드센 형세는 실로 들판에 타오르는 불보다도 심합니다.
> ⋮
> 지금 발본색원하지 못하고 곁가지만 잘라내서
> 고식적인 것만 일삼아 큰 재난을 가져오게 한다면
> 종묘사직은 관에 달린 구슬처럼 위태롭고
> 백성의 운명은 엷교 위의 이슬처럼 위태로울 것입니다.
>
> 신의 어리석은 생각으론 저들이 단지 잠자는 호랑이
> 정도가 아니라 생각됩니다. ⋯
>
> 속히 그 괴수와 무리를 찾아내
> 죽여야 할 자는 죽이고 효수해야 할 자는 효수하고
> 회유해야 할 자는 회유해야 합니다.
>
> 지나간 일을 소급해 추궁하지 마시고 스스로 새롭게 할
> 길을 보여준다면 아무리 간악한 무리라도 ⋯
> 은근히 꺾이고 없어지게 될 것이옵니다.

제1장 동학의 확산과 농민의 각성 41

보은집회 전후

복합 상소가 효과를 보지 못하고

도리어 조정의 적극적인 탄압이라는 결론으로 이어지자

동학 지도부는 본격적인 실력 행사를 결심한다.

"팔도의 모든 교인을 보은에 모이게 하라!"

경기, 강원, 충청, 전라, 경상도의 동학교도들이 접주들의 인솔에 따라 보은으로 모여들었다.

그런데 모여든 사람들은 동학교도만이 아니었다. 탐관오리의 수탈에 지친 농민들, 다 뺏기고 고향을 떠나야 했던 유랑민들, 세상에 불만이 큰 몰락 양반들……. 그렇게 더는 이 세상에 기대할 것 없는 이들이 모여들었다.

이들은 성을 두르고 보국안민, 척왜양창의의 깃발을 치켜들었다.

임시로 쌓은 성문 밖에는 이런 글이 나붙었다.

지금 왜와 양이가 나라 한가운데 들어와 큰 난리를 칠 지경이다. 우리 수만이 죽기로 힘을 합해 왜와 양이를 쓸어 대보(大報)의 의리를 본받고자 한다.

이렇듯 보은집회는 종전의 공주, 삼례집회보다 훨씬 더 강한 정치색을 띠었고

보고를 접한 조정은 충격에 빠졌다.

왕의 명은 강경했지만 어윤중은 정치력을 발휘해 설득했고

뜻밖에도 동학 지도부가 선선히 받아들인다.

실제로 최시형 등 동학 지도부는 그날 밤으로 보은을 빠져나갔고

모인 군중도 흩어지기 시작했다.

그러나 이때의 해산은 어윤중의 탁월한 수완으로 인한 것이라기보다는

동학 안에 통제하기 힘든 또 다른 세력이 있었기 때문이다.

집회 내내 강경한 목소리를 주도했던 이들은

개항, 임오군란, 갑신정변 등을 거치며 그들의 의식은 성장해갔을 터이고

세상을 바꾸리라는 꿈을 품게 되었다.

서울에서 또 난리가 났대.

이번엔 뭐여?

세상을 바꾸려면 권력을 바꿔야지!

동학 입교는 어쩌면 그들에게 꿈을 실현하기 위한 방도였으리라.

척왜양창의, 보국안민의 정신도 우리와 맞고

농민 속에 뿌리내린 조직이야말로 세상을 갈아엎을 무기!

위력 과시는 했지만 허무하게 마무리된 보은집회에 전봉준은 실망했다.

오래 꿈꿔온 일을 이루기 위해 그는 새로운 불씨를 원했다.

전주 풍남문
전라북도 전주시 완산구 전동에 있는 옛 전주성의 성문이다.
농민군이 이 성을 점령하자 놀란 조정은 청나라에 원군을 요청했고, 이것이 청일전쟁으로 이어진다.
변화된 상황에 농민군은 정부군과 화약을 맺고 성문을 나왔다.

제2장

1894,
갑오년

났네 났어, 난리가 났어

의견을 모은 그들은 사발통문을 만들어 돌렸다.

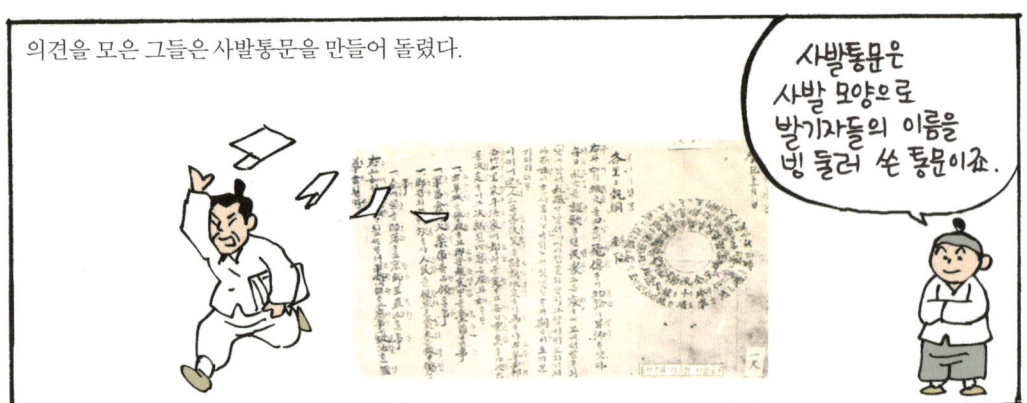

그 내용은 이전의 민란에서 내세웠던 주장들과는 질이 달랐다.

각리 리집강 좌하.

우(右)와 같이 격문을 사방에 전하니 여론이 물 끓듯 하였다.
매일같이 난망(亂亡)을 부르짖던 민중은 곳곳에 모여 말하기를
'났네 났어 난리가 났어. 에이 참 잘 되었지. 그냥 이대로 지나서야 백성이 한 사람이나 어디 남아 있겠나' 하며 그날이 오기만을 기다리더라.
이때 도인(道人)들은 선후책을 토의, 결정하기 위해 죽산리 송두호 집에 도소를 정하고 매일 구름처럼 모여 차례를 정하니 결의된 내용은 다음과 같다.
- 고부성을 점령하고 조병갑을 목 베어 죽일 것.
- 군기고와 화약고를 점령할 것.
- 군수에게 아부하여 백성을 침탈한 탐리(貪吏)를 엄히 징벌할 것.
- 전주 감영을 함락하고 서울로 나아갈 것.

과거 철종 시절에 삼남을 뒤흔들었던 민란 때도 관아를 습격해 불사르고

구실아치들을 불구덩이 속에 던져버리는 등 과격한 모습을 보이긴 했다.

갑오년(1894, 고종 31) 1월,
고부 농민은 봉기했다.

손쉽게 고부 관아를 점령했고

내 목은 못 베었지롱.
잽싸게 튀었걸랑.

무기고를 열어 무장했다.

창고의 양곡을 꺼내 백성에게 나누어주었으며

수탈의 상징인 만석보를 헐어버렸다.

그렇게 기세를 올린 농민군은 고부 일대를 점령한 채 한 달을 보냈다.

그러나 애초의 선언대로 전주 감영을 향해 진격할 생각은 하지 못했으니

인근 지역의 호응이 없었기 때문이다.

농민군 내부에 동요가 일었다.
"이대로 고립된 채 진압되는 거 아냐?"

격문을 돌리고

우리가 의를 들어 이에 이른 것은
그 본뜻이 다른 데 있지 아니하고
창생을 도탄 가운데서 건지고
국가를 반석 위에 두고자 함이라.

안으로는 탐학한 관리의 머리를 베고
밖으로는 횡포한 강적의 무리를
내쫓고자 함이라.

양반과 부호에게 고통받는 민중과
방백과 수령 밑에 굴욕당하는
소리(小吏)들은 우리와 같이 원한이
깊을 것이니 조금도 주저하지 말고
이 시각으로 일어나라.

만일 이 기회를 놓치면 후회해도
미치지 못하리라.

4대 명의(名義)와

1. 사람을 함부로 죽이지 말고 가축을 잡아먹지 말라.
2. 충효를 다해 세상을 구하고 백성을 편안케 하라.
3. 일본 오랑캐를 몰아내고 나라의 정치를 바로잡는다.
4. 군사를 몰고 서울로 쳐들어가 권귀를 모두 없앤다.

12개조 기율을 정했다.

1. 항복한 자는 대접한다.
2. 곤궁한 자는 구제한다.
3. 탐학한 자는 추방한다.
4. 순종하는 자에게는 경복한다.
5. 도주하는 자는 쫓지 않는다.
6. 굶주린 자는 먹인다.
   ⋮

＊경복(敬服): 공손하게 대함.

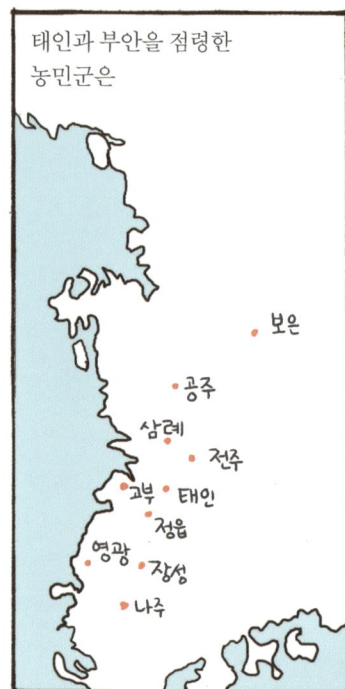

*간삭(刊削): 관직이나 공신의 지위를 빼앗음.

청일전쟁 속으로

결국 농민군의 주장을 상당히 받아들이는 선에서
전주화약이 이루어졌다.

농민군으로서는 성공적인
협상인 셈.

마침내 농민군은
성문을 열고
나왔고

홍계훈은 조정에
전주성이 회복되었다고
보고할 수 있었다.

조정은 즉각 일본 군대의 철수를 요구했다.

출병 요청도 받지 않은 채

대규모 군대를 파병하면서 공사관과 거류민 보호를 이유로 내걸기는 했지만, 명분상 매우 취약했던 일본.

여기에 전주 상황의 종료라는 국면 전환은 그나마 있는 명분조차도 앗아가버린 셈이다.

그러나

전주성의 농민이 성을 비우고 나왔다는 얘기는 우리도 들었지만

일본은 철병 요청을 거부했다.

우리가 알아본 바에 따르면 동학군이 해산했단 것도 실상과 다르고

청군은 도리어 증강되었어. 따라서 NO!

그러자 이번에는 청나라 측에서 제안했다.

그렇다면 같이 철수하자고.

NO!

이에 조선 정부의 부탁으로 러시아, 영국, 미국 등이 중재에 나섰지만, 일본은 모든 제안을 거절했다.

NO! NO! NO!

제2장 1894, 갑오년 73

왕을 협박해 원하는 것을 얻어내는 데 성공한다.

1. 청국과 맺은 모든 조약을 폐지한다.
1. 청국군은 모두 조선에서 떠나라.
　　　　　조선 왕

됐어!

드디어 전쟁이닷!

그리고 이틀 뒤 아산만 풍도 앞바다.

적함 발견. 포격 준비

일본군은 다짜고짜 청의 군함과 청의 군사를 태우고 오던 영국 국적의 배를 포격해 침몰시킨다.

싸움엔 선빵이ㅋ

조선 땅에서 청일전쟁이 시작된 것이다.

갑오개혁

청과의 전쟁 명분을 얻기 위해 경복궁을 습격한 일본군은

이로 인해 거세질 조선 내 반일 여론을 무마하기 위해 두 가지 카드를 썼다.

그 하나는 대원군과의 결탁이다.

임오군란 때 군인들도 대원군에게 의지했고

갑신정변 때의 김옥균 일파도 대원군에게 손을 내밀었다.

그리고 이때의 전봉준도 홍계훈에게 보낸 글을 통해 대원군의 국정 보좌를 요구하고 있다.

그만큼 그에 대한 백성의 신망은 드높았지만

대원군! 국태공! 국태공! 대원군! 대원군!

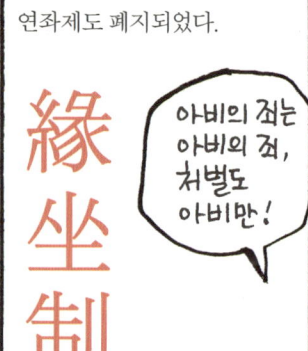

갑오개혁은 이렇듯 농민군의 요구를 넘어서는 근대적인 개혁안들을 내보였다.

일본이나 서구의 현실을 잘 아는 젊은 급진개화파의 목소리가 대거 반영된 때문이다.

그러나 대원군과의 결탁도, 획기적인 갑오개혁의 실시도 일본에 대한 반감을 누르지는 못했다.

"들었어? 왜놈들이 경복궁을 습격했단 얘기."

"그래, 요즘 나라가 온통 왜놈들 판이라잖아."

"저런 쪽발이 쉐이들!"

화르르르……

"이거 왜 이래?"

농민군의 재봉기

한편 전주성을 나온 농민군은 전봉준이 이끄는 부대와

김개남이 이끄는 부대로 나뉘어 여러 고을을 순회했다.

이르는 곳마다에서 농민들의 뜨거운 환영을 받았음은 물론이다.

경복궁이 일본군에게 점령당했다는 소식을 들은 전라 감사 김학진은

"지금은 우리가 싸울 때가 아니다."

전봉준에게 사람을 보냈다.

"나라의 어려움을 함께 하시자며 뵙기를 청했소."

"그래요?"

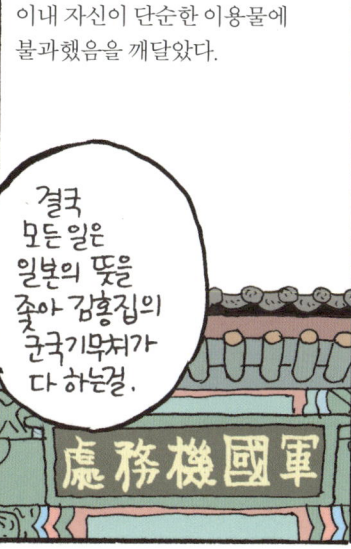

손화중과 최경선은 나주에서 후방을 맡기로 하고

전봉준이 이끄는 호남 농민군과 최시형, 손병희가 이끄는 충청 농민군은 연락을 취해가며 논산 땅으로 집결해갔다.

김개남은 전주에 남아 다른 사태에 대비했다.

조정에서는 즉각 진압군을 편성해 내려보냈다.

그런데 대원군의 기대와 달리 평양 전투는 일본군의 압도적 승리로 끝났다.

녹두꽃은 떨어지고

논산에 집결한 농민군이 충청 감영이 있는 공주성으로 향하면서

공주의 이인, 효포 등에서 전초전을 벌였다.

전주의 김개남 군대는 북상하며 금산을 점령했고

손화중은 나주를 공격했다.
"등 뒤는 우리에게 맡기소."

이윽고 농민군은 일본군·관군 연합군과 우금치에서 만났다.

압도적인 수적 우세에서 오는 자신감에 종교적 신념이 주는 용맹성.

그러나 소수지만 일본군의 화력과 전투력은 관군보다 훨씬 강했다.
전투를 거듭할수록 우금치 마루는 농민군의 시체로 뒤덮여갔다. 참혹한 패배였다.

이때 김개남도 청주성을 공격했으나 청주영병과 일본군과의 싸움에 패하고 만다.

추격해오는 일본군과 관군을 맞아 크고 작은 전투를 치러가며

농민군은 후퇴를 거듭했다. 대오는 갈수록 줄어들었다.

11월 27일, 태인 전투에서 패한 뒤 전봉준은 농민군의 해산을 결정했다.

소식을 접한 광주의 손화중, 최경선도 해산령을 내렸다.

농민군의 봉기는 충청, 호남에서만 있었던 것이 아니다.

황해도의 농민군이 특히 강했는데, 여러 고을 관아는 물론 해주 감영까지 점령해 한 달 동안 장악하기도 했다.

호남의 농민군이 해산을 결정한 날, 황해도 농민군은 일본군의 공격으로 내주었던 해주성을 다시 공격했다.

소년 장수로 이름난 김구가 선봉을 맡았지만

실패하고 말았다. 이후 황해도의 농민군도 일본군과 관군의 토벌에 점차 사그라졌다.

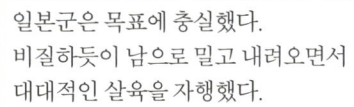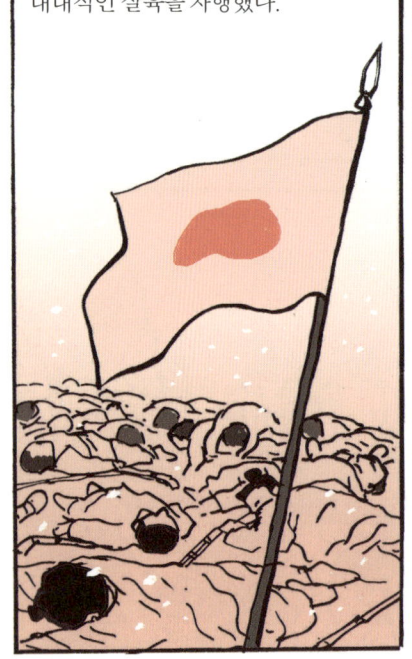

그러나 세상은 재봉기를 원했고

그는 승산이 낮다고 보면서도 일어났다.

"피할 수 없는 시대의 부름 아닌가?"

"그리고 어차피 내가 지른 불!"

재판 과정에 박영효와 서광범을 준열히 꾸짖었다는 그는 고종 32년 3월, 손화중 등과 함께 교형에 처해졌다.

時來天地皆同力
運去英雄不自謀
愛民正義我無失
爲國丹心誰有知

때가 오면 천지가 모두 힘을 합하지만
운이 다하면 영웅도 제 몸 하나 도모하지 못하는구나.
백성을 사랑하는 정의만은 내 잃지 않았나니
나라를 위하는 붉은 마음을 누가 있어 알아줄까.

전봉준

최시형, 손병희 쪽은 북쪽으로 후퇴하다

12월 말에 해산하고

지도자들은 피신 길에 올랐다.

최시형은 고종 35년(1898)에 체포되어 교형에 처해졌다.

피고는 비록 전봉준의 봉기를 지시하고 화응한 일은 없지만 변란이 일어난 근본 원인은 따지고 보면 피고가 주문과 부적으로 백성을 현혹한 데 있은즉 형률에 의거 피고를 교형에 처한다.

손병희는 도통을 이어 3대 교주가 되었다.

피신 생활의 와중에도 교단의 복구를 위해 노력했다. 일본으로 건너가 세계정세의 흐름을 보고 돌아온 뒤 동학을 천도교로 개칭했다.

건청궁 옥호루
건청궁은 고종이 내탕금을 들여 경복궁 안쪽에 건축한 것으로, 고종의 집무실로 자주 사용되었다.
건청궁 안 옥호루는 왕비의 침실로, 명성황후는 이곳에 있다가 변을 당했다.

제3장

인아거일
(引俄拒日)

일본의 승리, 그리고…

그렇게 생을 마감했다.
동학농민운동의 불길이
막 타오르던
갑오년 초였다.

그의 시신은 조선의 뜻을 존중해
조선으로 보내졌고

역적 김옥균의 시신이 도착했다 하옵니다.

경하드리옵니다.

양화진에 효수되었다.

大逆不道

능지되어 조각난
몸뚱어리는
그대로 썩어
흩어졌는데

남은 옷조각과 머리카락을 가지고 일본에 두 곳, 조선에 한 곳,
모두 세 곳에 묘지가 만들어졌다.
일본에 있는 한 묘지의 묘비명은 이렇게 시작한다.

비상한 재주를 지니고
비상한 시대를 만났으나
비상한 공을 이루지도 못한 채
비상하게 죽은
김옥균 공이여

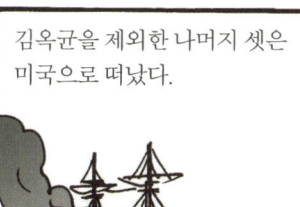

행보에서 보이듯 박영효는 김옥균과는 많이 달랐다.

상소를 올려 언젠가 복귀할 명분을 쌓음은 물론 나의 존재감도 알리고 유학생 교육을 통해 내 세력을 만들었지.

김옥균은 대책 없는 위인. 생활이 방탕한 데다 하는 소리를 들어보면 몽상가 같거든. 하지만 나는 다르지.

정치도 혁명도 나처럼 현실에 기반을 두어야 하는 법.

그는 갑오년 8월에 조선에 들어와 사면까지 받았지만

성은이…

대신들의 반대로 등용되지는 못하고 있었다.

박영효는 아니 되옵니다. 그는 역적이 아니옵니까?

쳇!

마침내 이노우에의 지원에 힘입어 내무대신에 발탁되었다.

미국의 서광범도 부름을 받고 귀국해 법무대신에 임명되었다.

이때 일본의 전쟁 승리가 확실시되고

왕은 이노우에의 요구를 받아들여 종묘에 나아가 홍범14조를 고한다.

1. 청에 의존하는 생각을 끊어버리고 자주독립의 터전을 튼튼히 세운다.
1. 정전에 나아가 시사를 보며 정무를 직접 대신들과 의논해 재결하고 왕비와 후궁, 종친이나 외척은 정치에 관여하지 못한다.
1. 왕실에 관한 사무와 국정에 대한 사무를 분리시켜 뒤섞이지 않게 한다.
1. 왕실 비용과 각 관청 비용은 1년 예산을 미리 정해 재정 기초를 튼튼히 한다.
1. 민법과 형법을 엄격히 하고 명백히 제정해 함부로 감금하거나 징벌하지 못하게 하여 백성의 생명과 재산을 보호한다.

(이상은 14조 중 일부)

자주국의 위상에 걸맞게 왕실에 대한 호칭도 바뀌었다.

삼국간섭 전후

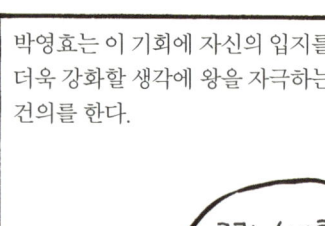

여우 사냥

일본은 이노우에에서 미우라 고로로 조선 공사를 교체했다.

이노우에가 문인 출신으로 조선 사정에 정통한 이라면, 미우라는 군 장성 출신으로 조선에 대해서는 문외한.

그런데 이노우에는 미우라가 부임한 뒤에도 보름 넘게 공관에서 같이 지낸 후 일본으로 돌아갔다.

일본 공사관을 중심으로 긴박하게 돌아가는가 싶더니

고종 32년 8월 20일, 파성관과 한성신보사에는

무장을 한 사복 입은 이들이 모여들었다.

그런데 조선이 망하면 우리 일본도 오랫동안 지탱할 수 없다. 일본이 지탱하지 못하면 청나라도 홀로 지탱하기 어렵다.

청나라가 홀로 존재할 수 없으면 동양의 대세는 뒤따라 무너질 것이다.
그러므로 왕후 민씨는 조선의 500년 종묘사직의 죄인이다. 조선의 죄인일 뿐만 아니라 일본의 죄인이고 나아가 동양 세계의 죄인이다.

옳소! 짝 짝 짝

그런데 대원군은 왜 이리 늦는 거야?

그러게 말… 어, 저기 오는 모양인데.

대원군이 당도하자

일본군과 무장한 사복(이른바 낭인)들은 즉각 행동에 돌입했다.

작전 개시!

저항하던 시위대 병사 몇몇과

훈련대 연대장 홍계훈이 현장에서 죽었다.

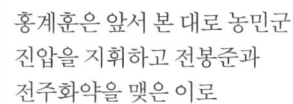
홍계훈은 앞서 본 대로 농민군 진압을 지휘하고 전봉준과 전주화약을 맺은 이로

그보다 앞서는 임오군란 때 기지를 발휘해 왕비를 위기에서 구한 인물이기도 하다.

"이 여인은 상궁으로 있는 내 누이다. 막지 말아라."

"아…예"

"수미일관한 삶을 살았군 그래. 왕비를 구해 출세하고 왕비를 구하지 못해 죽고 ㅋㅋ"

궁궐 시위대는 곧 제압되었다.

궁내부대신 이경직은 소식을 전하러 급히 왕비의 처소로 달려갔다.

왕비와 궁녀들이 뛰쳐나와 자리를 피하려는 순간 낭인들이 들이닥쳤다.

급한 마음에 이경직이 막아 나섰지만

이는 왕비가 누구인지 알려준 꼴이 되고 말았다.

"사진과 그대로네. 저 여자야."

"왕후 폐하…"
"영감! 아리가또!"

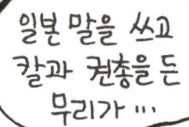

이때 기획에 참여하고 낭인 동원을 맡았던 이는 농상무 차관, 중의원을 역임한 인물이고

낭인 집결을 담당한 이는 한성신보사 사장,

그 밖에도 도쿄 대학 법대를 나온 이를 비롯해 다수의 지식인이 끼어 있었다.

말하자면 이들 낭인이란 일본 우익의 핵심들로 대륙침략론자들이었다.

쓰시마는 우리 땅   조선도 우리 땅
만주도 우리 땅 ♪

여기에 일본인 고문관들과 순사들까지도 사복을 입고 참여했다.

한마디로 재 조선 일본인 총동원령이지. 상인 빼고.

사건의 진실이 점차 드러나면서 국제 문제로 비화하자, 일본은 미우라를 비롯한 사건 가담자들을 본국으로 소환해 재판에 회부했다. 그리고 재판부는 이렇게 매듭지었다.

왕비의 전횡, 국정 간섭이 날로 심해져서 일본 장교가 애써 키운 훈련대를 해산하는 등

일본을 소외시키자 격분한 무관 출신 미우라 공사가 대원군의 요청을 받아들여 낭인을 동원해 일을 저질렀다.

한마디로 무식한 무장이 욱해서 벌인 일.

그러나 여러 정황과 이후 연구 성과들은 미우라 책임론 또한 위장임을 밝혀내고 있다.

미우라는 처음 공사에 임명될 때부터 마지막 방패막이로 선택된 인물이라는 것이다.

첫 번째 방패막이는 대원군과 훈련대.

무엇보다 '무식한 미우라'를 추천한 이는 바로 이노우에다.

미우라?

어때, 딱이지?

미우라가 부임하고도 2주 넘게 같이 생활했던 이노우에다.

그리고 이노우에는 앞서 본 대로 조선 문제와 관련해 전권을 가졌던 일본 정부의 핵심 인물.

반일 세력의 움직임

왕의 밀사들이 의병 궐기를 촉구하는 왕의 밀지를 들고 각지의 유명한 선비들을 찾아나섰다.

"폐하께서 보내서 왔소이다."

"삼가 명을 받들겠나이다 폐하!"

고종 33년(1896) 1월을 기해 곳곳에서 의병이 일어났다.

"이때의 의병을 보통 을미의병이라 칭하는데 음력으로는 아직 을미년(1895)입니다."

의병은 지방 관아를 점령하고

단발령에 앞장선 지방 수령들을 잡아 목 베는 등 사뭇 기세등등했다

아관파천

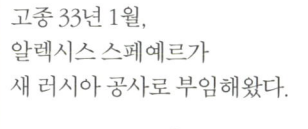

고종 33년 1월, 알렉시스 스페예르가 새 러시아 공사로 부임해왔다.

그런데 직전에 베베르를 유임한다는 훈령이 내려와 베베르와 스페예르는 상당 기간 동안 공사관에서 함께 보냈다.

"이노우에와 미우라처럼!"

"이럴 때 뭔가 역사가 만들어지는 법."

이때 왕실과 러시아 공사관 사이에

긴밀한 협의가 진행된다.

"그러자면 러시아의 무력이 어느 정도 있어야 하오."

내용인즉 왕을 러시아 공사관으로 피신시키자는 것.

"음… 춘생문 사건의 업그레이드 판인데…"

과연 상당수의 친위대가 의병을 토벌하러 한양을 떴고

예상대로 궁궐 수비는 소홀해졌다.

2월 10일, 제물포에 정박 중인 러시아 군함에서 120명의 군사가 상륙하더니

급히 서울로 내달렸다.

이어 2월 11일 새벽녘, 호위도 없이 가마 두 대가 조용히 대궐을 빠져나갔다.

궁녀들이 궐 출입 때 쓰는 가마라 파수를 보던 이들에게는 특이한 일이 아니었을 것이다.

가마는 곧장 정동의 러시아 공사관으로 들어갔고

러시아 공사관은 러시아 군사들에 의해 철통같이 경비되었다.

가마에 탔던 주인공은 다름 아닌 왕과 왕태자였다.

러시아 공사관(俄館)으로 왕이 옮겨갔다 해서 아관파천이다.

한 나라의 임금이 자기 궁궐을 버리고 다른 나라의 외교 공관으로 피신한 일은 실로 수치스러운 모습임이 분명하다.

하지만 사방의 감시 속에 사실상 궐 안에 유폐된 상태의 이름뿐인 임금이었다.

러시아 공사관과 앨런 등 미국 공사관 관계자들, 이전부터 도와왔던 호레이스 언더우드 등 선교사들의 협조 아래

이범진 등이 머리를 짜내고 발로 뛰어 이룬 작전의 성공이었다.

러시아 공사관에서 왕은 새로이 조각을 발표하고 김홍집 등 친일 내각의 핵심들에 대해 체포령을 내렸다.

내각총리대신 김병시, 궁내부대신 이재순, 내부대신 박정양, 외부대신 이완용, 법부대신 조병직, 군부대신 이윤용, 경무사 안경수,

김홍집과 정병하의 비극이 어떤 이들에게는 탈출의 기회가 되었다. 체포될 위기에 처했던 유길준, 조희연, 우범선 등은

혼란을 틈타 일본 공사관으로 피했다가 일본으로 망명할 수 있었다.

어윤중은 용인으로 내려갔다가 원한을 가진 가문에서 보낸 사람들에게 죽임을 당했다.

어윤중에 대해서도 황현은 이렇게 쓰고 있다.

"…김홍집과 함께 시대를 구할 인재로 불렸는데 그가 죽자 개화파에 사람이 없다고 모두 탄식했다."

한숨을 돌린 왕은 미루었던 일들을 처리해나간다.

"8월의 변고는 만고에 없었던 것이니 차마 말할 수 있겠는가? 역적들이 명령을 잡아쥐고 제멋대로 위조했으며 왕후가 붕서했는데도 석 달 간이나 조칙을 발표하지 못하게 했으니 ……"

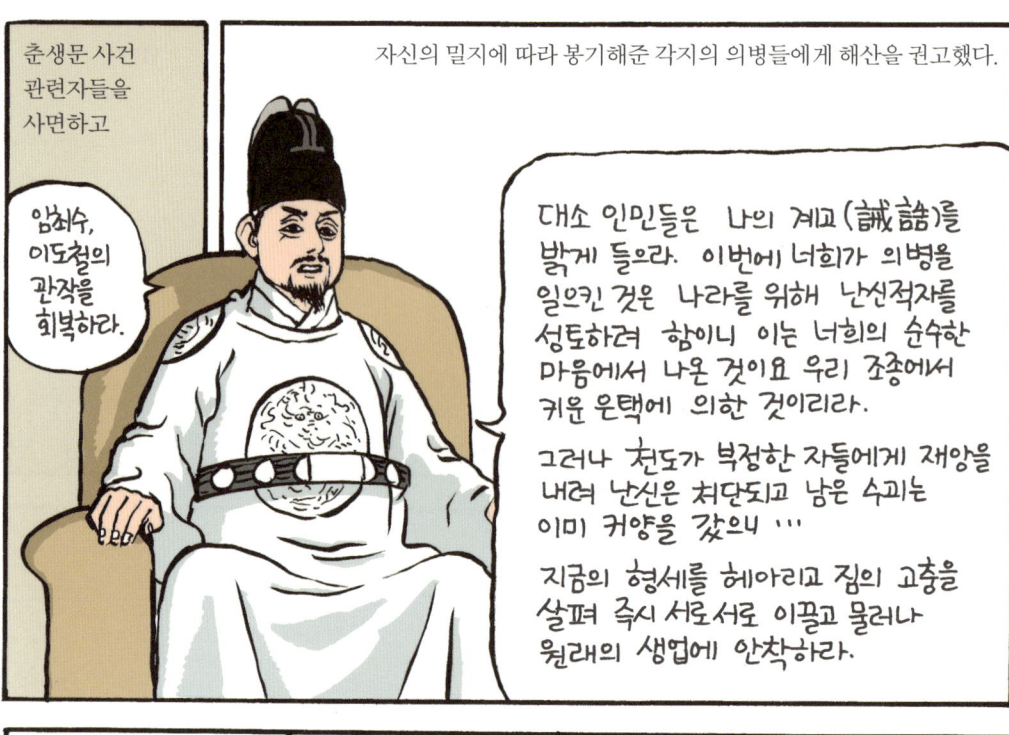

* 계고(誡誥): 경계하여 알리는 말.

명성황후와 흥선대원군

남편을 도와 친정을 가능케 함으로써 정치의 한복판에 자리 잡게 된 이래

보통의 사람이라면 평생에 한 번 겪을까 말까 한 일을 숱하게 겪었다. 친정이 폭사했고

다섯 살 난 그의 아들.

양모까지 폭사했다.

임오군란 때는 목숨이 위태로워졌다.

꺄악
우지끈
민중전 어딨어?

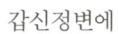
갑신정변에

일본군의 경복궁 침범까지

잘 넘겨왔다 싶었는데

우당탕

가장 참혹한 최후를 맞고 말았다. 향년 45세.

죽고 나서
두 달 가까이
지나서야 죽음이
공식 확인되었고

지난 변란 때
왕후의 소재를
알지 못했으나
날이 잠차 오래되니
그날에 세상을 뜬
증거가 명확해졌다.

개국 504년 8월 20일
묘시에 왕후가 곤녕합에서
승하하였음을 반포한다.

2년 넘게 지난 고종 34년(1897) 11월에야 장례가 치러졌다. 대한제국을 선포한 직후다.

고종은 직접 지은 지문에서 왕비를 이렇게 회상한다.

… 심상한 사물이라도 한번 보면 빠짐없이 알았다. 책 읽기를 좋아하여 역대 정사, 국가의 전고(典故) 등에 훤했다.

황후가 일찍이 짐을 도와 말한 것이 있는데 근년에 지내면서 보니 일마다 다 징험되고 딱딱 들어맞았다.

심원한 생각으로 미래에 대한 일을 잘 요량하는 황후의 통달한 지식은 고금에 따를 사람이 없으며 사람이 미칠 바가 아니다 …

정말 빼어난 사람이었다고.

그녀를 만났던 외국인들은 한결같이 그녀를 세련되고 지적이며 총명한 여인으로 기억한다.

그녀는 정말 최고예요.

초대 미국 공사 루셔스 풋의 부인은 이렇게 쓰고 있다.

강력하면서도 상대를 압도하는 성격에 사람들을 끌어들이는 힘이 있어요. 동양 전체에서 가장 머리가 좋은 여성입니다.

제3장 인아거일(引俄拒日) 159

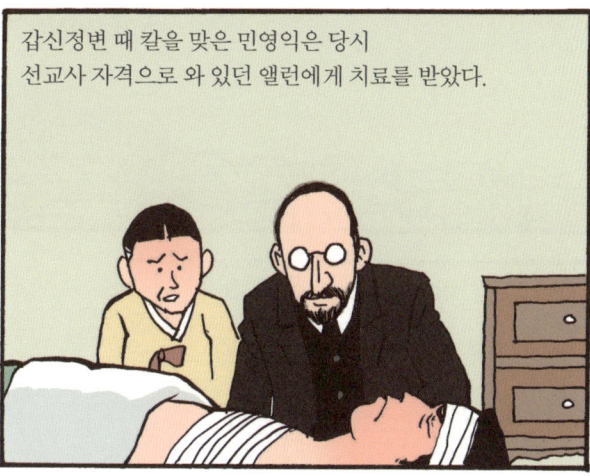

그럴 정도로 민씨 정권의 유력자들은 매관매직, 뇌물수수 등을 통해 치부했고

벼슬을 산 이들은 투자비를 뽑기 위해 백성을 쥐어짰다.

삼정은 다시 문란해졌다.

이에 모든 원성은 왕비와 민씨 척족을 향했다.

민씨가 망해야 나라가 산다!

민씨 정권이 취했던 정책들은 또 어떤가? 개화라는 큰 방향을 잡기는 했으나

장기적 비전을 갖지 못한 채 우왕좌왕했다.

내정 개혁도 이루지 못했다.

이루지 못한 정도가 아니지.

국태공께서 이뤄놓은 개혁까지도 다 무로 돌려버렸지.

이런 일들로 그녀의 정치는 많은 비판을 불렀다.
그런데

이 모든 비판, 즉 민씨 척족의 전횡과 삼정의 문란, 일관성 없는 개화정책, 굿판 등의 구태……
이 모든 책임은 왕과 왕비 공동의 것이다.

왕비의 조언에 힘입어 친정하게 된 이래

왕은 줄곧 왕비와 정치적 행보를 함께해왔다.

왕비의 지혜와 왕비의 일가 사람들이 필요했다.
왕비는 왕의 요구에 충실히 응답했다.

그렇게 왕비는
최대 정적인 대원군과 맞서 싸우는
동맹군이었을 뿐만 아니라
왕의 가장 강력한 지지자요
후원자였다.

말하자면 둘은
정치적 일심동체였다.

그러니 공도 과도
공동의 것이라
하겠다.

명성황후의 장례가 치러지고 석 달도 못 되어 대원군도 눈을 감았다. 향년 79세.

10년 섭정에서 물러나게 되면서 며느리와 평생의 원수가 되었다.

"이 요망한 것이 내 아들을 꾀어 감히 나를…"

임오군란으로 잠시 집권하는가 했더니

청나라에 끌려가 유폐 생활을 해야 했고

귀국해서는 사실상의 가택연금 생활을 해야 했다.

그는 나라를 어떻게 끌고 갈지에 대한 비전을 가진 지도자였고,

그래서 권력을 열망했다.

제3장 인아거일(引俄拒日) 167

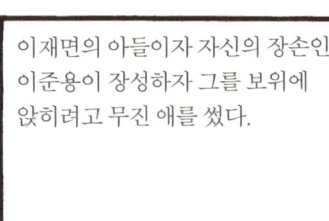

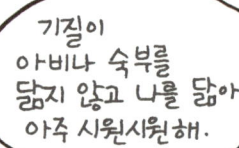

그랬다면 아들, 며느리와 척지지 않았을 테고

그 자신 또한 왕실의 큰 어른이자 재야의 큰 어른으로 무시 못할 정치적 역할을 이어갈 수 있었을 것이다……

라는 부질없는 생각을 해보게 된다.

정치가 그리 간단하진 않지.

그럼, 그랬다간 또 어찌 됐을지 누가 아나?

보기 드문 영걸들이 한 시대에 나와 세상을 위해 쓰이지 않고
서로 싸우는 데 힘을 소진하고 말았다.

제3장 인아거일(引俄拒日) 171

독립문
사대 외교의 상징이던 영은문이 헐린 자리에 서재필의 제안과 왕의 동의, 국민의 후원 아래 자주독립 정신을 높이기 위해 세워진 기념물이다. 1980년 성산대로 공사로 원래 위치에서 70미터 떨어진 지금의 자리로 옮겨왔다. 서울시 서대문구 현저동에 있다.

제4장

대한제국과
독립협회

황제가 되다

제4장 대한제국과 독립협회

거부의 답변을 하면서도 왕은 이런 명을 내린다.

연호를 새로 의논해 올리도록 하라

?!

명을 받들어 '광무'와 '경덕'으로 의견을 모았나이다.

광무가 좋겠소.

왕이 원하는 바가 분명해졌다.

따지고 보면 맞는 얘기.

우리가 중국에 사대할 때야 제후국이니까 왕이었지만 이젠 동등한 자주국이니…

비록 우리 힘이 미약하다 해도 먼저 자주국답게 칭제한 다음 힘도 키워가지 뭐.

어느덧 정치적 색깔과 상관없이 공감대가 퍼져갔고

상소가 쏟아졌다.

우리 폐하께서는 성덕이 날로 새로워져 문교(文敎)가 멀리 미치고 머나먼 외국들과 외교 관계를 맺어 만국과 같은 반열에 놓이게 되었습니다. 하온데 아직도 옛 칭호를 그대로 쓰고 있으니 실로 천심을 받들고 백성의 표준이 되는 도리가 아니옵니다.
:
바라옵건대 높은 칭호를 받아들이시어 만국에 공포해 천하에 다시 새로운 관계를 세우신다면 종묘사직과 신민에게 더없이 다행이겠나이다.

고종 34년 10월 12일, 마침내 황제 즉위식이 거행되었다.

개국 이래 처음으로 만세 소리가 울려 퍼졌다.

대한제국의 출범이 대내외에 선포되고

황제는 다음과 같이 조령을 내리노라.

국호는 대한으로 고치고 올해를 광무 원년으로 삼으며 종묘와 사직의 신위는 각각 태사, 태직으로 고쳐 썼노라.

각국 공사, 영사 들이 찾아와 축하를 전했다.

감축 드립니다 황제 폐하!

왕비의 장례가 치러진 것도 이 직후다.

이어 명성으로 시호를 정하면서 명성황후가 되었지만 황후로 살았던 날은 없었죠.

독립협회운동

러시아 군대의 조선 왕실 보호, 군사 교관 파견, 차관 제공 등을 요청하기 위한 걸음이었다.

회답을 주지 않았던 러시아는 민영환이 귀국하고 나서야 군사 교관들을 보냈고

이어 재정 전문가인 카를 알렉세예프를 보내왔다.

황제는 그동안 탁지부 고문으로 있던 영국인 존 브라운을 해임하고 알렉세예프를 새 고문으로 선임했다.

안 그래도 이런 과정을 못마땅하게 바라보던 독립협회를

발끈하게 만든 일이 생겼다.

뭐라고? 부산의 절영도(영도)를 러시아에 석탄 공급 기지로 조차해주기로 했다고?

독립협회는 즉각 토론회를 통해 성토하고

예로부터 조종이 물려주신 강토는 한 자 한 치도 남에게 줄 수 없다고 했습니다.

제4장 대한제국과 독립협회 183

독립협회운동은 새로운 도약을 한다. 고종 35년 3월 종로에서 만민공동회가 열렸다. 독립협회가 민중을 만난 것이다.

만민공동회

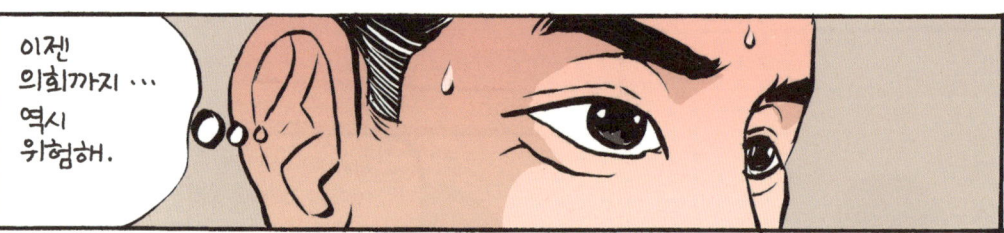

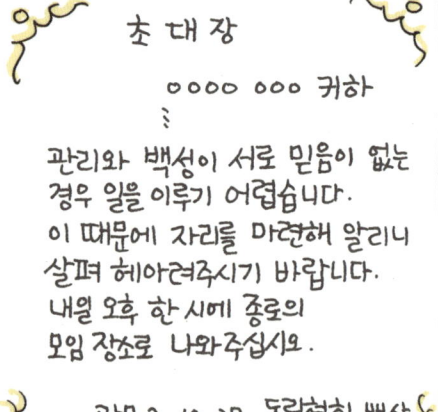

종로의 만민공동회에 의정부의 대신들을 비롯한 전·현직 관리들을 초청한 것이다.

협회 측은 계속해서 참여를 종용했고

대신들은 상황을 보고하며 황제의 처분을 기다렸다.

이윽고 박정양, 이종건, 서정순 등 현직 대신들과 심상훈, 민영기 등 전직 대신들이 만민공동회 장에 들어섰다.

관민공동회로 발전한 것이다.

제4장 대한제국과 독립협회 197

대회장은 뜨거웠다.

일반 백성까지 나서서 적극적으로 의견을 펼치는 가운데

황제에게 건의할 헌의6조가 정해졌다.

1. 외국인에게 의지하지 말고 모두 힘을 합해 황제의 전제 황권을 굳건히 한다.
2. 외국인과의 조약은 각부 대신들과 중추원 의장의 서명·날인을 거친다.
3. 재정은 탁지부에서 관할하고 예산·결산을 공포한다.
4. 중대 범죄는 공판을 진행하되 철저히 설명해 자복한 후 형을 집행한다.
5. 칙임관은 황제 폐하께서 정부에 자문해 과반의 찬성으로 임명한다.
6. 규정을 실제로 이행한다.

보고받은 황제는 그 실행을 약속했다.

그런데 환호성이 채 가시기도 전에

독립협회 핵심 인사들에 대한 전격적인 체포령이 내려졌고, 이상재, 정교, 남궁억 등 14명이 체포되었다.

여기에는 내막이 있다. 독립협회의 탄핵으로 면직되었던 조병식은 이때 다시 참정에 제수되어 있었는데

군부대신 서리, 법부협판 등과 은밀히 모의한 뒤

익명서를 하나 조작해 황제에게 들고 갔던 것.

익명서이긴 하오나 내용이 너무도 흉한지라 떼어왔나이다.

독립협회가 11월 5일 본관에서 대회를 열고 박(정양)을 대통령으로 윤(치호)을 부통령으로 이(상재)를 내부대신으로 정(교)을 외부대신 등으로 선출하고 나라의 체제를 공화정치체제로 바꾸려 한다.

독립협회의 종언

길영수, 홍종우가 이끄는 황국협회 소속 2,000여 보부상이 만민공동회를 습격한 것.

그렇게 연일 계속되던 만민공동회는 무너지고

작전에 성공한 보부상들은 궁중에서 마련한 쌀밥과 고깃국을 먹으며 자축했다.

그러나

독립협회를 무너뜨리기 위한 두 번째 시도도 그렇게 무산되었다. 누가 보기에도 이번 사태의 책임은 전적으로 황제에게 있었다.

황제가 궐 밖으로 나와 직접 독립협회와 시위 군중을 만났다. 대표로 뽑힌 200여 명이 황제 앞에 나아가 엎드렸다.

좌우에는 대신들과 함께 각국의 공사, 영사 들을 불러 자리하게 하여 증인으로 삼았다.

너희 백성은 내 말을 들어라.
여태까지 내린 지시를 너희는 대부분 따르지 않았다.
밤새 대궐문에서 떠들고 큰길에 장애물을 설치해
막았다. 제멋대로 행동하고 사납게 굴면서
다른 사람의 집과 재산을 빼앗았다. 이것이 어찌
500년 전제국가에서 있었던 일이겠느냐?
…

그러나 내가 임금의 자리에 오른 이래 다스림이
뜻대로 되지 않아 인심이 들뜨게 되었다.
너희가 죄를 짓게 된 것은 오직 나 한 사람에게
책임이 있다는 것을 이제야 크게 깨달았으니
나는 매우 부끄럽다 …

지금부터 임금에서 신하, 위와 아래가 모두
믿을 신(信) 한 글자로써 일하고 의리로써 서로
지켜 어질고 능력 있는 사람을 구하며
꼴 베고 나무하는 하찮은 백성에게서도 계책을
받아들일 것이다.

오늘 새벽 이전까지의 일은 죄의 유무와 죄의 경중을
가리지 않고 모두 깨끗이 용서해줄 것이니
의심하고 맺혔던 것을 모두 풀어버리고 우리 모두
오직 새롭게 출발하자.
…

제4장 대한제국과 독립협회 207

토론회에서 출발해 만민공동회로 이어지고, 관민공동회로까지 발전하며 새로운 정치운동으로 자리 잡고 민주주의의 싹을 보여준 독립협회는 그렇게 종언을 고했다.

황제는 황제권에 대한 집착으로 독립협회가 가진 에너지를 개혁의 자산으로 삼지 못한 채 무너뜨리기에만 급급했고, 결국 성공을 거두었다.

독립협회 또한 급성장한 자신의 힘을 조절하고 관리할 수 있는 지도 역량을 갖추지 못해 소멸의 빌미를 제공하고 말았다.

광무개혁과 이런저런 역모

독립협회운동을 제압한 황제는 고종 36년(1899) 6월 원수부규칙을 제정해 통수권을 확립하고

대황제 폐하는 대원수로 군기를 총람하고 육해군을 통령하며…

8월에는 대한국국제를 반포한다.

〈대한국국제〉
제1조 대한국은 세계 만국에 공인된 자주독립한 제국이다.
제2조 대한제국의 정치는 과거 5백년간 전래되었고 앞으로도 만세토록 불변할 전제정치이다.
제3조 대한국 대황제는 무한한 군권을 가지고 있다.
⋮

이어 고종 37년(1900)에는 군신의 복식을 서양식으로 바꾸고

중국의 예에 따라 오악(伍嶽), 오진(伍鎭), 사해(四海), 사독(四瀆)을 정해 발표했다.

오악; 삼각산(중), 금강산(동), 지리산(남) 묘향산(서), 백두산(북)
오진; 백악산(중), 오대산(동), 속리산(남), 구월산(서), 장백산(북)
사해; 동해, 남해, 서해, 북해
사독; 낙동강(동), 한강(남), 패강(서), 용흥강(북).

이 정도 해야 황제 스타일의 완성!

세계 속의 대한제국으로 자리 잡기 위한 노력도 이어졌다. 덴마크, 벨기에와 수교하고

프랑스 파리에서 열린 만국박람회에 참가했다.

목포, 진남포, 마산, 군산, 성진을 추가로 개방한 것도 이때의 일.

"예전의 개항은 강제로 한 개항이었지만 이번엔 우리가 자발적으로 했지."

이 시기 황제가 주도한 이런 노력들을 일러 광무개혁이라 하는데

문제가 많았다. 내장원으로 인해 재정은 다시 이원화되고

"내장원은 부유하지만 우리 탁지부는 가난해서 조신들 월급도 못주기 일쑤예요."

내장원에서 거두는 각종 잡세는 백성의 생활을 어렵게 했다.

"잡세 혁파 명을 수십 번 내리면 뭐해? 황실이 잡세를 거두면서."

식산흥업정책도 그다지 성과를 내지 못했다.

"왜지?"

제4장 대한제국과 독립협회

부족한 자본에 부족한 기술, 자본주의 경영에 대한 이해 부족 등으로 외국 자본과 경쟁이 되지 않았다.

경인철도 개통식에 펄럭인 것은 일장기와 성조기였다.
우리 일본의 기술과 자본으로 건설하고
우리 미국이 만든 증기 기관차로 달리고.

내장원 자본의 절반은 황실의 권위를 높이는 일에 쓰였다.

태조와 함께 고종의 4대조까지 황제로 추존했고
장조 의황제(사도세자),
정조 선황제,
순조 숙황제,
문조 익황제(효명세자),

이런저런 이유로 황제에게 존호를 올리고 축하연을 열곤 했다.

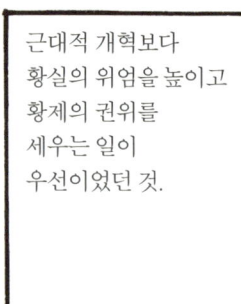
근대적 개혁보다 황실의 위엄을 높이고 황제의 권위를 세우는 일이 우선이었던 것.

황제가 서야 나라가 선다.

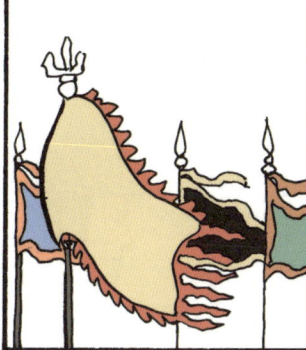

춘생문 사건에 참여해 황제의 신임을 얻었고, 초대 독립협회 회장까지 맡았던 사건의 주모자 안경수는

일본으로 망명했다가 이듬해 돌아와 자수했다.

그런데 과거 갑오년에 이준용으로부터 불경한 말을 듣고도 신고하지 않은 죄가 추가되어

교형에 처해졌다.

김홍륙 독다 사건이 뒤이었고

고종 38년(1901)에는 박영효와 통모해 쿠데타를 꾀한

하원홍, 엄주봉 등 8인이 참형에 처해진 일도 있었다.

고종 41년(1904)에는 장호익, 조택현 등이 유길준과 쿠데타를 모의한 사건이 있었다.

중명전
서울시 중구 정동에 있는 건물로 1901년 황실도서관으로 지어졌다.
이후 고종의 집무실이자 외국 사절 접견 장소로 사용되기도 했는데, 불법적인 을사조약이 체결된 장소이기도 하다.

제5장

스러지는
자주국의 꿈

러일전쟁

아관파천 후 몇 년은 러일 간의 세력 균형기였다.

황제는 계속해서 러시아의 군사적 보호를 원했지만

만족할 만한 답을 얻지 못했다.

차선으로 만지작거린 카드가 중립화 국가론이었다.

비록 황제가 군사력을 키웠다고는 하나 자주국방에는 턱없이 부족한 무력이다.

보통 열강에 의한 이권 침탈로 설명되지만

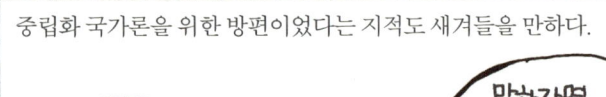
중립화 국가론을 위한 방편이었다는 지적도 새겨들을 만하다.

러시아나 일본에 집중된 게 아니라 열강에 고루 나눠 준 것 같은 인상.

말하자면 열강으로 하여금 조선에 이해를 갖게 만들어 특정국이 독점하는 것을 막도록 하겠다는 의도가 보인다는 거죠.

그런데

러일 간의 세력 균형에 균열이 일기 시작했다.

러시아가 아관파천으로 조성된 유리한 입지에서 한 발을 뺀 것은 만주에서의 환경 변화 때문이었다.

삼국간섭을 통해 일본으로부터 랴오둥 반도를 되찾게 해준 대가로 러시아는 청으로부터 많은 이권을 얻어냈다.

이 철도가 완공되면 지름길로 대륙 횡단이 가능할 뿐 아니라 만주 공략에 매우 도움이 될 터!

먼저 둥청철도 부설권을 따냈지.

228 박시백의 조선왕조실록 20

그사이 조선과는 한일의정서를 체결한다. 황실과 그 측근들이 믿었던 중립화론이 얼마나 헛된 것인지를 보여주는 사태 전개다.

제1조 ··· 대한제국 정부는 대일본제국 정부를 확고히 믿고 시정 개선에 관한 충고를 받아들인다.
제3조 대일본제국 정부는 대한제국의 독립과 영토 보전을 확실히 보증한다.
제4조 침해나 혹은 내란으로 인해 대한제국 황실의 안녕과 영토 보전에 위험이 있을 때 일본 정부는 필요한 조치를 취할 수 있다.
대한제국 정부는 대일본제국 정부의 행동을 용이하게 하기 위해 충분한 편의를 제공한다.
대일본제국 정부는 전항의 목적을 성취하기 위해 군략상 필요한 지점을 정황에 따라 차지해 이용할 수 있다.

제5장 스러지는 자주국의 꿈 233

을사조약

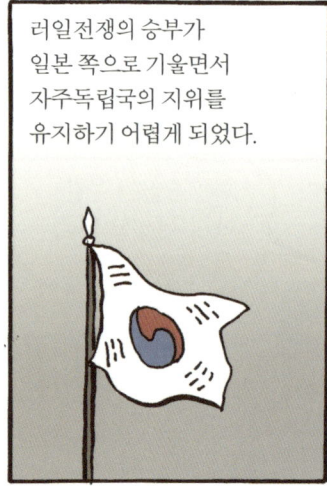

그리고 이보다 앞서 제1차 한일협약을 따로 맺어
재정과 외교권을 사실상 장악했다.

이에 따라 재정 고문에는 일본인 메가타 다네타로가

협정서

1. 대한 정부는 일본 정부가 추천한 1인을 재정 고문으로 삼아 재무에 관한 사항은 일체 그의 의견을 물어 시행해야 한다.
2. 대한 정부는 일본 정부가 추천한 1인을 외교 고문으로 삼아 외교에 관한 사항은 일체 그의 의견을 물어 시행해야 한다.
3. 대한 정부는 외국과 조약 체결 및 기타 중요한 외교 안건, 즉 외국인에 대한 특권 양여와 계약 등의 문제는 미리 대일본 정부와 상의한다.

광무 8. 8. 22.
외부대신 서리 윤치호
특명전권공사 하야시 곤스케

외교 고문에는 미국인 더럼 스티븐스가 임명되었다.

탁지부대신이 재정 고문의 강압에 못 이겨 사직서를 냈을 정도로 고문의 힘은 대신을 능가했다.

재정고문 / 탁지부대신

화폐조례가 실시되고

구화폐는 기간을 정해 교환한다.

탁지부

뭐야? 신화폐는 광무가 아닌 명치 연호를 쓰고 있잖아.

한일통신기관협정서를 강제로 맺어 한국의 통신 분야를 장악했다.

우편, 전신, 전화의 관리를 일체 우리 일본 정부에 위탁한다는.

제5장 스러지는 자주국의 꿈

러일전쟁을 효과적으로 수행하기 위해 경부선 철도가 전쟁 중에 개통되고, 경의선 철도 건설도 빠르게 진행되었다.

철도와 역사에 필요한 땅 중에서 국유지는 무상으로, 사유지는 헐값으로 수용했고, 실제 필요한 넓이보다 훨씬 넓게 확보했다.

연해의 어업권도 확보했다.

각지에 주둔한 일본 헌병이 치안행정까지 맡고 있는 형편.

그리고 이 시기에 고려 왕릉에 대한 대대적인 도굴이 벌어졌다.

사흘이 멀다 하고 도굴 사건이 일어났지만

누구 하나 체포되지 않았다. 일본인들이 조직적으로 한 일이었다.

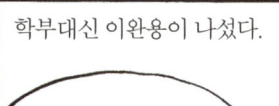

1905년 11월 17일 밤에서 18일 새벽 사이에 있었던 을사조약이다.

> **〈한일협상조약〉**
>
> 일본 정부와 한국 정부는 두 제국을 결합하는 이해공통주의를 공고히 하기 위해 한국이 실제로 부강해졌다고 인정될 때까지 이 목적으로 아래의 조관을 약정함.
>
> 제1조, 일본국 정부는 도쿄에 있는 외무성을 통해 이후 한국의 외국과의 관계 및 사무를 감리, 지휘할 수 있고 …
>
> 제2조, … 한국 정부는 일본 정부의 중재를 거치지 않고 국제적 성질을 가진 어떤 조약이나 약속을 하지 않을 것을 기약한다.
>
> 제3조, 일본 정부는 그 대표자로서 황제 폐하 아래에 1명의 통감을 두되 외교에 관한 사항을 관리하기 위해 경성에 주재하며 친히 황제 폐하를 궁중에서 알현할 권리를 가짐.
>
> 제5조, 일본 정부는 한국 황실의 안녕과 존엄을 유지함을 보증함.
>
> 외부대신 박제순
> 특명전권공사 하야시 곤스케

제5장 스러지는 자주국의 꿈

충격과 분노

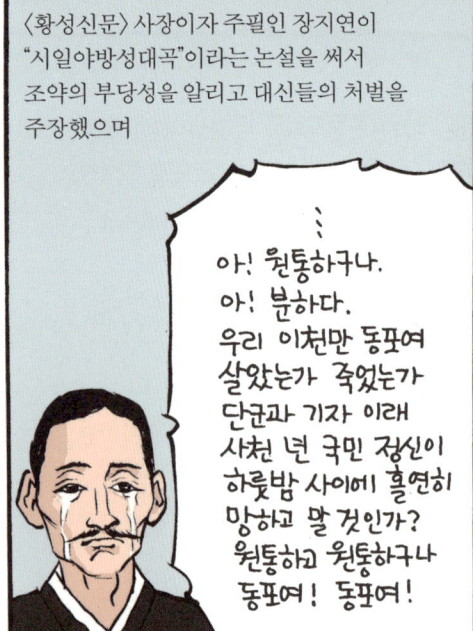

조약에 찬성한 이를 가리키는 '5적'이라는 표현이 등장하더니 이내 자리 잡는다.

이완용, 박제순, 이지용, 권중현, 이근택을 지칭한 표현이다.

오늘의 계책은 오직 박제순 이하 5적의 머리를 베어 거리에 매달아 온 나라를 각성시키는 데 있습니다.

그러하옵니다!

상소는 5적의 처벌과 조약 무효화를 공포해야 한다는 데로 모아졌다.

강제로 체결된 조약은 효력이 없다고 《만국공법》에도 실려 있나이다.

5적을 처단하고 각국 공관에 조약 무효를 밝히소서.

황제에게 단호한 태도를 주문하는 최익현의 소를 보자.

저들이 황실의 안녕을 보증한다는 말을 믿으시옵니까? 아직 임금 자리도 교체되지 않았고, 사람도 죽지 않았으며, 각국의 공사들도 돌아가지 것이옵니다.

계약서는 다행히 폐하의 준허와 참정의 인가를 거치지 않은 것이니 저들이 믿는 것이라곤 한갓 역적들이 억지로 조인한 허위 조약에 불과한 것이옵니다.

자결로 자신의 뜻을 밝혔다.
다음은 백성에게
남긴 유서다.

오호라! 나라와 백성의 치욕이 여기에 이르렀구나.
우리 인민은 장차 치열한 생존 경쟁 속에서 모두
멸망하려는가.
살기를 바라는 자는 반드시 죽고, 죽기를 기약하는 자는
삶을 얻을 것임을 여러분은 어찌 모르리.

이 민영환은 한 번 죽어 황제의 은혜에 보답하고
이천만 동포에게 사죄하려 한다.
나는 죽지만 죽지 않고 구천에서도 기필코 여러분을
도울 것이니 바라건대 우리 동포들은 더욱더 분발하여
힘쓰고 뜻을 굳게 갖고 학문에 전력하며
마음을 합하고 힘을 다해 우리의 자주 독립을 회복한다면
나는 지하에서나마 기뻐할 것이다.

아! 조금도 실망하지 말라.
우리 대한제국의 이천만
동포에게 마지막으로
고하노라.

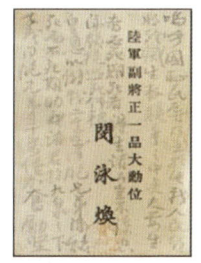

아! 어려운 때에 괴로운 심정이
절절하여 분연히 제 몸을 돌보지
않고 강개하고 격렬해져
마침내 자결했으니
충성스럽고 의로운 넋은 해와 별을
꿰뚫을 만하다.
짐의 마음에 비통함이
어찌 다함이 있겠는가?

황제는 민영환을
의정대신으로
추증하고 시호를
내리는 한편
제문도 직접 지어
내렸다.

민영환은 임오군란 때 살해된 민겸호의 아들로

황제의 총애를 받는 민씨 척족의 대표적 일원인데도

똘똘한 우리 식구

독립협회의 활동을 이해하고 지지한 인물이기도 하다.

진보 척신!

민영환의 행랑채에 살았던 인력거꾼은 소식을 듣고 뒷산의 소나무에 목을 맸다.

이보다 앞서 주영 서리공사로 있던 이한응이 일본의 대한제국 보호국화를 막기 위해 동분서주하다 힘이 미치지 못하자 자결했다.

슬프다. 종사는 장차 무너질 것이요 온 겨레가 모두 남의 종이 되겠구나. 구차히 산다 한들 욕됨만이 더할 뿐 어찌 죽는 것보다 나으리요?

홍만식도 약을 먹고 목숨을 끊었다.

그는 갑신정변의 주역인 홍영식의 친형으로

영의정을 지낸 홍순목의 아들.

미안하구나, 역적의 씨를 남길 수야 없질 않느냐?

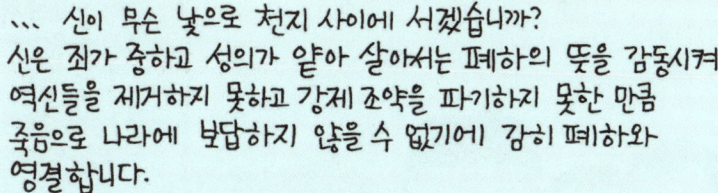

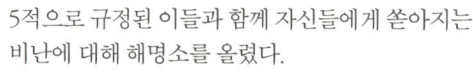

이들의 항변은 나름 설득력이 있다. 조약 이전에 이미 외교권이 거의 일본에 넘어간 것이 사실이고

세상은 그동안 일본에서 보호조약이 논의된 일,

제2차 영일동맹, 포츠머스조약의 내용도 알고 있었다.

보라구 이리될 게 뻔한 일 아니었냐고!

어찌할 힘도 없으면서 왜 우리에게 다 덮어씌우냔 말야.

그리고 5적이라는 명명에도 모호한 면이 있다. 법부대신 이하영은 5적과 거의 구별이 힘든 처신을 보였는데도 5적에서 빠졌다.

법부대신은 찬성하는 편이고.

반대자였던 민영기는 이후 5적과 같은 궤적을 살았다.

훈장에 작위 받고...

이완용은 당시 대신들 중 뚜렷한 적극 찬성파.

이후 일본군의 공격에 패해 도주했다가 체포되었다.

최익현은 각지에 의병의 궐기를 호소하는 통문을 보내고 그 자신도 거병했지만

토벌군으로 한국군이 오자 맞서 싸우기를 꺼리다 체포되었다.

그 소굴을 불지르고 역적 도당을 섬멸해… 나라의 명맥을 튼튼히 하고 우리가 노예 되는 것을 면해야 할지니 적이 강하다고 두려워 말라. 우리는 정의의 군사가 아니더냐…

쓰시마 섬에 유배되었다가 그곳에서 74세를 일기로 절명했다.

울진에서 농민 300명과 의병을 일으킨 신돌석은 평민 출신 의병장으로 게릴라전을 통해 상당한 전과를 거두었다.

그 밖에도 많은 이가 배일의 깃발 아래 일어났다.

이때에도 황제의 밀지가 큰 역할을 했다.

겉으로는 의병 해산을 촉구하면서

그만 생업으로 돌아가 흉화하는 일이 없도록 하라!

측근 인사들을 통해 밀지와 군자금을 각지의 이름난 유학자들에게 보냈던 것.

그만큼 황제는 이번 조약의 체결에 심각한 위기감을 느꼈다.

사실 그동안 우리가 자주독립국가로 존립할 수 있었던 것도

우리에게 그만한 힘이 있어서가 아니었잖아. 열강 간의 견제와 이를 활용한 외교의 덕이지.

그리고 솔직히 궐 주변에 즐비한 외국 공사관들의 존재가 그동안 얼마나 의지가 됐는지 남들은 모를 거야.

자강운동

민영환, 조병세 등의 자결 소식이 이어지던 때에 전 독립협회 지도자였던 외부대신 서리협판 윤치호는 이런 소를 올렸다.

⋮
지난날의 조약을 도로 회수해 없애버릴 수가 있다면 누가 죽기를 맹세하고 다투어 나아가지 않겠습니까만 지금의 내정과 외교를 보면 어찌 상심해서 통곡하지 않을 수 있겠습니까?
⋮
독립의 길은 자강에 있고 자강의 길은 내정을 닦고 외교를 미덥게 하는 데 있습니다.

보수적 유학자들이 자결로 항거하고

의병을 준비할 때

독립협회를 거쳐온 상당수 개화 지식인들의 생각은 달랐다.

의병? 그런다고 뭐가 달라져?

오늘 이렇게 된 원인은 우리에게도 있어.

제5장 스러지는 자주국의 꿈 261

그 선두에 일진회가 있었다.

일본에 있던 송병준은 러일전쟁과 함께 군사 통역으로 귀국하여

일본군의 후원 아래 정치활동을 시작한다.

전 독립협회 간부였던 윤시병과 만나

유신회를 만들더니 이내 일진회로 이름을 바꾸었다.

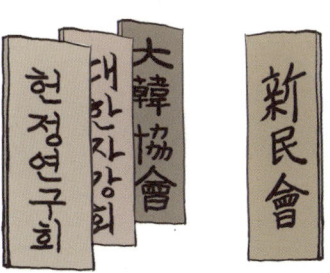

뤼순 감옥
1900년대 초 러시아가 세우기 시작했으나 러일전쟁에서 일본이 승리하면서 일본의 형무소로 쓰였다. 세워진 이래 수많은 한국과 중국의 독립투사, 사상범이 수감되었는데, 안중근과 신채호도 이곳에 갇혔다가 처형되고 옥사했다.

제6장

왕조는
무너졌으나

고종의 퇴위

제6장 왕조는 무너졌으나

그러나 상황은 예상보다 열악했다.
통감부가 설치되고

이토가 초대 통감으로 취임했다.

내정은 간섭하지 않는다 했지만

각 부별로 고문관을 두게 했고, 이들을 통감이 감독함으로써 사실상 내정에도 깊이 관여, 통제했다.

대신 위에 고문관, 고문관 위에 나!

끄응~

내각 관제를 개정해 내각총리의 권한을 키우고 황제권을 약화시켰다.

총리는 내가 믿을 수 있는 이완용, 박제순 같은 친구들로.

황제가 측근들을 통해 지방의 의병을 지원, 조종하고 있다는 사실을 알고는

어쭈구리

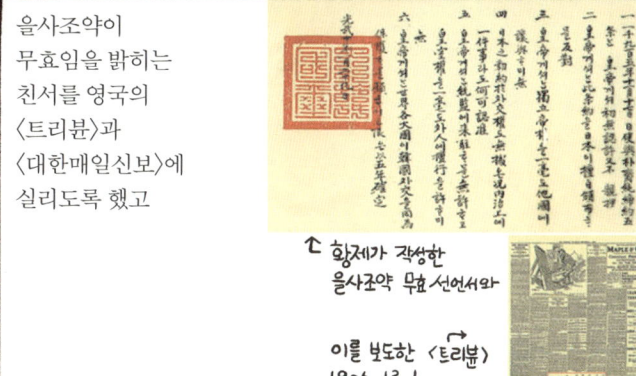

제6장 왕조는 무너졌으나

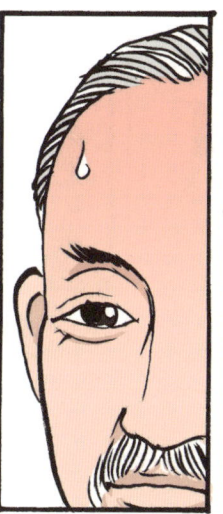

항일 의병

양위식이 있고 나자 일본의 행보는 빨라졌다.

머칠 뒤 일본은 정미7조약을 압박해 받아냈다.

"이제 거칠 것이 없으니깐."

"따르릉 따르릉 비켜 나라고♪"

〈한일협약〉

일본국 정부와 한국 정부는 속히 한국의 부강을 도모하고 한국 국민의 행복을 증진시키려는 목적으로 이하의 조관을 약정한다.

제1조 한국 정부는 시정 개선에 관해 통감의 지도를 받는다.

제2조 정부의 법령 제정 및 중요한 행정상의 처분은 미리 통감의 승인을 거친다.

︙

제4조 한국의 고등 관리를 임명하고 해임시키는 것은 통감의 동의에 의해 집행할 것이다.

제5조 한국 정부는 통감이 추천한 일본인을 한국의 관리로 임명할 것이다.

︙

이완용
이토 히로부미

"이제 통감 각하의 지위와 권한은 대한제국 정부 위에 자리하게 됐습니다."

톡톡

"애썼어"

그리고 다시 일주일 뒤에는 군대 해산령이 내려진다.

"모두 훈련원에 집합!"

제6장 왕조는 무너졌으나 283

비무장 상태로 훈련원에 집합시켜 전격적인 해산식을 치를 계산이었는데

차질이 생겼다. 시위대 제1연대 대대장 박승환이 군대 해산에 항의하는 뜻으로 권총으로 자결한 것.

소식을 접한 병사들은

즉각 무장하고 거리로 진출해서 일본군과 총격전을 벌였다.

지방의 군인들도 해산령에 반발해 봉기하거나

집단 탈영해

연합 의병은 서울 진공 작전을 결정하고
300명을 선발대로 내보냈으나 패하고

마침 총대장인 이인영이
아비상을 당해 내려가고 만다.

연합 의병은
흩어지고 다시
각개 부대로
흩어져 항쟁을
이어가게 된다.

특히 호남 쪽의 의병 세력이 강했다.

이에 일본군은 강력한 토벌작전으로 대응했다.

대토벌작전으로 많은 의병이 체포되거나 들판에 쓰러졌다.

허위, 이강년, 이인영 등 의병장들은 체포되어 교수형에 처해졌다.

살아남은 이들 중 더러는 국경을 넘어 항전을 계속했고, 망국 후에는 독립군으로 발전해갔다.

순종 3년

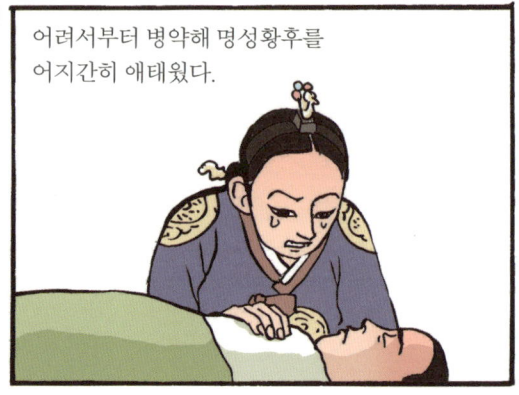

이토를 비롯한 일본 고위 인사들과 친일 대신들을 접견하고

훈장을 수여하는 정도.

특이한 행적이 있다면 순종 2년(1909)에 있었던 남순(南巡)과 서순(西巡)이다.

기차를 타고 대구, 부산, 마산을 돌아보고 온 것이 남순이고,

개성, 평양, 신의주를 돌아보고 온 것이 서순이다.

경부선 유람.

경의선 유람.

중간 중간에 해당 지역 지방관들이나 일본군 고위 장교들을 만나 격려하고

근처의 유명 사당이나 묘에 사람을 보내 치제하는 것이 전부였는데

통감부에서 준비한 쇼였다.

보라고. 우리가 철도를 건설해놓으니 황제가 쉽게 나라 안을 돌아보고 인민들도 만나볼 수 있잖아. 고맙지?

안중근

순종 2년 10월 26일, 도쿄의 황태자로부터 긴급 전문이 들어왔다.

이토 대사가 오늘 9시 하얼빈 역에 도착하여 우리나라 사람의 흉악한 손에 피살되었으니 듣기에 놀랍기 그지없습니다.

황제는 급히 시종원 경 윤덕영, 내각 총리대신 이완용을 영구가 있는 다롄으로 보내 위로케 하고

사흘 간 조회와 시장을 정지시키고, 음악과 노래도 금했다.

장례 일에는 황족, 궁 내관, 각부 관리, 인민 들과 함께 장충단에서 추도회를 가졌다.

잠시 황제가 백성에게 내린 조서를 들어보자.

이토 공작은 정성을 다해 중흥의 큰 위업을 도왔으며 지금까지 대신의 중책을 지닌 40여 년 동안 크게 법률을 제정하고 큰 계책을 세우며 항상 동양 평화로 일관하고 대명을 받들었다.
:
그런데 지난번에 우리나라 국경을 벗어나서 하얼빈을 지나다가 짐의 고약한 백성의 흉측한 손에 상하여 갑자기 세상을 떠날 줄을 어찌 생각하였겠는가?
:

황제가 고약한 백성이라 칭한 이는 바로 안중근.

해주 양반가에서 태어나 한학을 배웠으나

어려서부터 무예와 사격에 열중했다.

농민전쟁에서 패퇴한 김구가 안중근 아비의 호의로 그 집에 들어가 지낸 적이 있었는데, 당시 열여섯이던 그 집의 장남 안중근의 사격 솜씨가 백발백중이었다고 술회한다.

안중근이 쏜 총알 세 발은 모두
이토 히로부미의 몸에 박혔다.

이어 안중근은 그가 행여
이토가 아닐 수도 있다는 생각에
나머지 세 발은

이토와 가까이 있던 세 사람에게 쏘았다.

꼬레아 우라!
(대한제국 만세!)

안중근은 현장에서 러시아 군사들에게 체포된 뒤

일본 측에 넘겨졌고, 뤼순의 일본 감옥에 갇혔다.

메이지유신의 주역으로 격변의 시대 한복판에서 일본을 이끌어온 사내, 이토 히로부미는 그렇게 자신이 식민지로 만든 대한제국 청년의 손에 생을 마감했다.

그를 저격함으로써 한국과 일본은 물론 동아시아를 넘어 세계인의 주목을 받은 안중근은 감옥에서도 법정에서도 시종 의연하여 주변을 감동시켰다.

많은 글씨를 남겼고

이토의 거짓된 동양평화론이 아니라 자신이 꿈꾸는 진정한 동양평화론을 구상하고 저술하던 중에

1910년 3월 사형이 집행되었다.

동포에게 고함

내가 한국 독립을 회복하고
동양 평화를 유지하기 위해
3년 동안 풍찬노숙하다가
마침내 그 목적을 이루지 못하고
이곳에서 죽노니
우리 이천만 형제자매는 각각
스스로 분발해 학문에 힘쓰고
산업에 진흥해 나의 끼친 뜻을 이어
자유 독립을 회복하면
죽는 자 유한이 없겠노라.
:
대한 독립의 소리가
천국에서 들려오면
나는 마땅히
천국에서 춤추며
만세를 부를 것이다.

막이 내리고

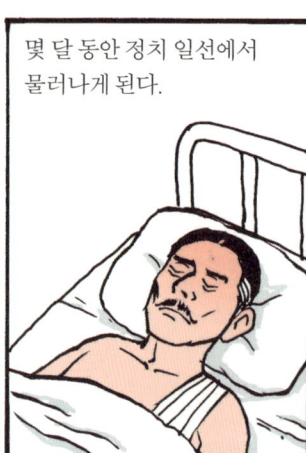

그리하여 같은 날 조약이 체결되었다.

<병합조약>

한국 황제 폐하와 일본국 황제 폐하는 양국 간의 특별히 친밀한 관계를 고려해 상호 행복을 증진하며 동양의 평화를 영구히 확보하기 위해 이 목적을 달성하려면 한국을 일본에 병합하는 것만 한 것이 없음을 확인하며 이에 양국 간에 병합조약을 체결하기로 결정한다.

제1조 한국 황제 폐하는 한국 전부에 관한 일체의 통치권을 완전히 또 영구히 일본 황제 폐하께 양여한다.

제2조 일본국 황제 폐하는 전조에 게재한 양여를 수락하고 또 완전히 한국을 일본 제국에 병합하는 것을 승낙한다.

제3조 일본국 황제 폐하는 한국 황제 폐하, 태황제 폐하, 황태자 전하와 그 후비 및 후예로 하여 각각 그 지위에 따라 상당한 존칭, 위엄, 명예를 향유케 하고 또 이를 보지하는 데 충분한 세비를 공급할 것을 약속한다.

⋮

제7조 일본국 정부는 성실히 새 제도를 준수하는 한국인으로서 상당한 자격이 있는 자를 사정이 허락하는 범위에서 한국에 있는 제국의 관리에 등용한다.

제8조 본 조약은 한국 황제 폐하 및 일본 황제 폐하의 재가를 거친 것이니 반포일로부터 시행한다.

이완용
데라우치 마사타케

제6장 왕조는 무너졌으나

이어 발표된 일본 천황의 칙령에 따라 국호는 다시 조선으로 돌아갔고

황제는 왕으로 격하되었다.

전 한국 황제는 창덕궁 이왕으로, 전 태황제는 덕수궁 이태왕으로, 황태자는 왕세자로…

권력은 새로 조직된 조선총독부로 고스란히 넘어갔다.

조선에 총독부를 설치하며 위임의 범위 내에서 육해군을 통솔하고 일체의 정무를 통할케 하며…

그렇게 나라가 망한 것이다.

亡

내각은 사라졌으며, 중추원은 이름만 남았다.

각도 장관(전 관찰사)까지 차차 일본인이 차지해갔다.
"이제 우리 나란데 당연한 거 아님?"
경기도 장관

의회? 물론 꿈도 꿀 수 없었다.
"총독부만 있으면 돼."

일진회를 비롯한 합방론자들의 꿈은 말 그대로 한바탕 헛된 꿈이었을 뿐이다.

다만 일본은 귀족령을 만들어 왕실의 혈족과 병합에 공이 큰 이들, 포섭할 필요가 있는 이들 등 모두 75명에게 작위와 은사금을 내렸다.

후작: 이재완, 이재각, 이해창, 이해승, 윤택영, 박영효
백작: 이지용, 민영린, 이완용(完用)
자작: 이완용(完鎔), 이기용, 박제순, 고영희, 조중응, 민병석, 이용직, 김윤식, 권중현, 이하영, 이근택, 송병준, 임선준, 이재곤, 윤덕영, 조민희, 이병무, 이근명, 민영규, 민영소, 민영휘, 김성근
남작: 윤용구, 홍순형, 김석진, 한창수, 이근상, 조희연, 박제빈, 성기운, 김춘희, 조동희, 박기양, 김사준, 장석주, 민상호, 조동윤, 최석민, 한규설, 유길준, 남정철, 이건하, 이용태, 민영달, 민영기, 이종건, 이봉의, 윤웅렬, 이근호, 김가진, 정낙용, 민종묵, 이재극, 이윤용, 이정로, 김영철, 이용원, 김종한, 조정구, 김학진, 박용대, 조경호, 김사철, 김병익, 이주영, 정한조

"왕실의 종친들, 민씨들,"
"윤씨들 (순종 비 쪽)"

전 러시아 주재 공사 이범진은 전보로 고종에게 유서를 보낸 뒤 거실에서 목을 맸다

그 밖에도 지방 군수로 있던 벽초 홍명희의 아비를 비롯해 자결하는 이가 더러 있었지만

을사년 같은 격렬한 반응은 일어나지 않았다.

일본 제국주의에 의한 지배가 10년, 20년 이어지면서

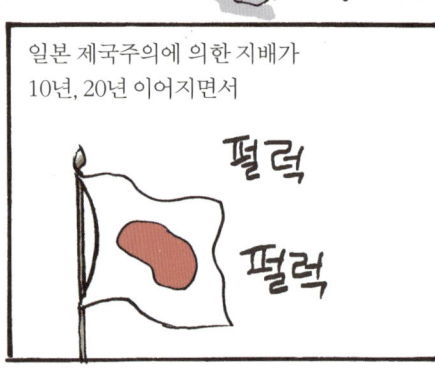

사람들은 어느덧 식민 지배를 당연하게 받아들여갔다.

조선왕조처럼 한 오백 년 계속될지도…

작위를 받은 이들 말고도

나라의 자주독립과 근대화를 열망했던 이들도 상당수는 점차 일제와 타협해갔다.

우리 민족은 게으르고 무지해서 안 돼.

그런즉 실력 양성이 아니라 총체적인 민족 개조가 필요해.

일본과 맞서 싸운다는 건 너무도 무모해 보였다.

그런데 그토록 무모해 보이는, 승산이 1퍼센트도 안 되어 보이는 독립을 위한 투쟁이 35년 동안 줄기차게 이어졌다.

가산을 정리하고 국경을 넘어가 독립운동의 근거지를 꾸리는가 하면, 직접 무장투쟁을 벌였다.

국내에서는 엄중한 감시를 뚫고 지하조직을 구축하며 저항활동을 벌였다.

일제의 탄압은 지독히도 악랄했다.

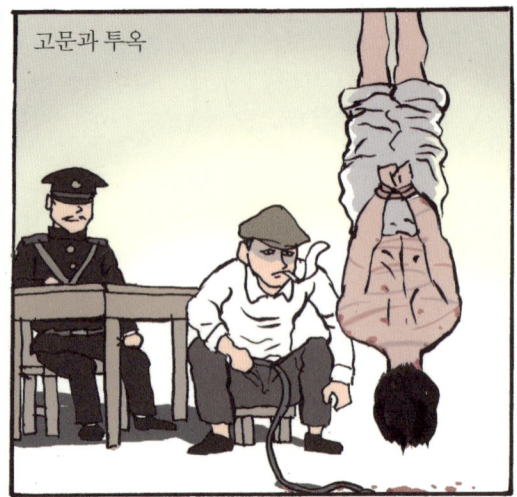

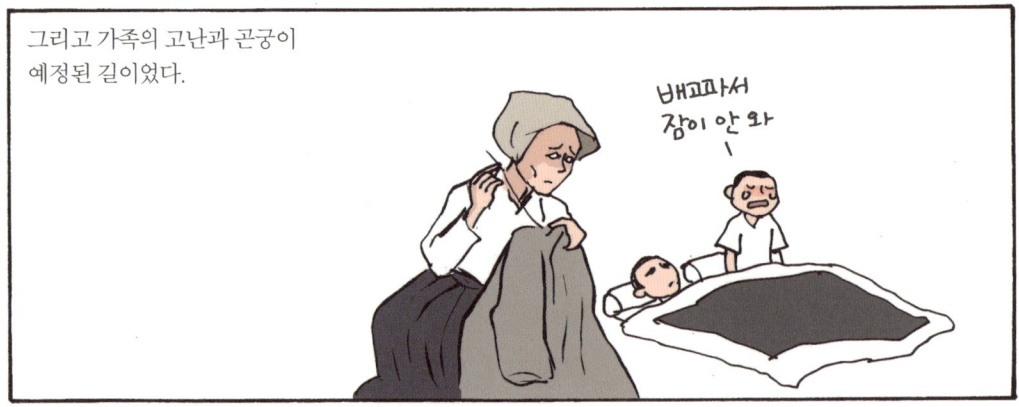

그 모든 걸 감당하며 역사 앞에 이름 없이 사라지기를 두려워하지 않았던 선조들이 있어 오늘의 우리가 있다.

여기까지 함께 와주신 여러분께 감사드립니다.

작가 후기

마침내 20권을 탈고했다.

19권을 마치고 나서 예상했던 것보다 3개월 정도 더 걸리고 말았다. 지난 연말에 이사하면서 이것저것 신경 쓸 일이 많았던 것과 이후 낯선 환경에 적응하느라 제법 시간을 뺏긴 게 한 원인이었다. 여기에 더하여 이제 10년 넘는 《조선왕조실록》과의 씨름판에서 빠져나와야 한다는 아쉬움도 한몫한 듯하다. 그동안은 늘 어서 빨리 벗어나고 싶다는 생각만 했는데, 막상 마지막 권을 대하니 영 섭섭했던 모양이다.

19권을 내면서 필자만의 해석보다는 당시의 상황과 사건 들을 잘 요약, 정리해주는 것을 목표로 삼았다고 밝힌 바 있다. 아니나 다를까 이에 대한 실망감을 피력한 몇몇 독자의 의견을 접할 수 있었는데, 그중 어느 분은 꼭 교과서를 읽는 것 같았다고 말씀해주셨다. 신선한 해석도 없고 그동안 교과서로 정리된 무난한 해석을 따라갔다는 의미였으리라.
20권은 19권보다 더 요약과 정리에 치우쳤다. 《조선왕조실록》의 기록이 갈수록 부실한 데다 그 밖의 다양한 1차 자료에 대한 접근이 제한적이었기 때문이다. 그래서 신선한 해석은 더욱 찾아보기 어려울 터이고, 사건은 한층 '교과서적으로' 정리되었다.
그래도 스스로 위안 삼는 면이 있다. 중·고등학교 교과서들이 그다지 상세하지 않은 데다 그나마도 역사 전공자가 아니면 이내 주요 사건과 인물 들에 대한 대략적인 윤곽만 남고 잊게 마련인데, 이 책이 그렇게 잊혀간 백수십 년 전의 우리 역사에 대해 기억을 환기시키고, 과거에 알았던 것을 풍성하게 해줄 수 있지 않을까 해서다. 참 뻔뻔하다.

　　서른 후반에 시작한 일이 쉰이 되어서야 끝났다. 처음 시작할 때 7년 정도 걸릴 것으로 예상했는데 몇 년이 더 소요되었다. 그래도 20권이라는 분량부터 형식과 내용까지 대체로 처음 구상했던 데서 크게 벗어나지는 않았다.

　　10여 년 동안 한결같이 후원을 아끼지 않은 휴머니스트 출판사, 가족, 벗들……. 오늘에 이를 수 있게 해준 고마운 이들이 참 많다. 그중에서도 가장 고마운 이를 들라면 주저 없이 독자들이라 답하겠다. 독자들의 응원과 지지가 있었기에 중간에 주저앉지 않았고, 필자도 출판사도 앞만 보며 달릴 수 있었다. 참으로 고마웠고 또 행복했다.

《망국》 연표

1885 고종 22년

1.17 경복궁으로 환어하다.
2.29 광혜원을 설치하다.
3. 4 전 금위영, 어영청의 교리, 군졸 들을 별영에 소속시키고, 전 총융청의 교리, 군졸들은 모두 우영에 소속시키라고 명하다. 리홍장과 이토 히로부미가 톈진조약을 체결하다.
3.10 영국이 거문도를 얼마간 차지하겠다는 의사를 밝혀오다.
3.12 광혜원의 이름을 제중원으로 바꾸다.
3.20 리홍장이 거문도와 관련해서 영국의 뜻을 허락하면 안 된다는 편지를 보내오다.
4. 2 교섭통상사무 협판 파울 묄렌도르프가 영국인 선장과 만나 문답을 나누다.
4. 7 김윤식이 베이징 주재 영국 흠차대신에게 거문도 차지를 승인할 수 없다는 내용의 편지를 보내다. 그리고 각국 공사에게 편지를 보내 영국의 태도를 비판하고 도움을 청하다.
5.25 청나라 군대가 철수한다는 소식에 우려를 나타내고, 머물러 있게 할 방도가 있다면 다행이겠다고 하다. 이 틈을 타 러시아가 일본 주재 참사관을 보내 군사훈련을 돕겠다는 의사를 타진해오다. 대궐 안에 내무부를 설치하라고 명하다.
5.28 이탈리아와 수호조약이 체결되다.
6.16 교섭통상사무 협판 파울 묄렌도르프를 파면하다.
7.26 파울 묄렌도르프를 총세무사 직책에서 파면하다.
7.30 안변 부사 이중하를 토문감계사로 삼아 청나라 관원을 맞이해 상의하여 처리하게 하다.
8.25 흥선대원군이 돌아온다는 소식에 도승지를 보내 문안하게 하다.
9.10 흥선대원군을 존봉하는 의식의 절차를 마련하고 명을 전하는 일 외에 조정의 신하들이 사사로이 만나지 못하게 하다.
12.23 갑신정변 관련자 8명을 부대시참에 처하다.

1886 고종 23년

1. 2 사노비 사역은 한 몸에만 그치고 세습하지 못하게 하다.
1.23 부사과 권봉희가 상소에서 무덤을 몰래 파헤치고 해골을 자루에 담아 돈을 요구하는 세태를 거론하다.
2. 8 리홍장이 미국인 오언 데니를 후대할 것과 프랑스가 수교를 맺고자 한다는 내용을 담은 편지를 보내와서 그에 대해 논의하다.
3. 5 미국인 오언 데니를 내무부 협판사 겸 관외아문 장교사 당상에 임명하다.
3.11 노비 문제에 관한 절목을 만들어 전국에 알리다.
4.10 김옥균 등과 편지 연락을 한 신기선 등 5명을 원악도에 안치하다.
5. 3 프랑스와 조약을 맺다.
5.13 제중원의 미국인 의사 호레이스 앨런과 존 헤런에게 당상의 품계를 내리다.
7.15 내무부 공작사에서 사온 윤선이 인천항에 정박하다. 이에 각 도의 공물 납부는 이 윤선을 쓰도록 하다.
7.29 위안스카이가 조선의 정세를 논하며 청에 복속되어야 함을 강변하는 장문의 글을 의정부와 왕에게 올리다.
9.10 무명잡세를 혁파하라는 명이 지켜지고 있지 않다며, 한성부와 각 도의 어떤 세금이 어떻게 생겨났는지를 조사해 혁파할 것을 명하다.
11.17 봉조하 김상현이 소를 올려 이이, 민정중, 김수항, 김석주, 김만중의 묘정 배향을 청하니 따르다.
11.22 심순택을 영의정으로 삼다.

1887 고종 24년

3. 6 육영공원을 설치하다.
4. 5 광무국을 새로 만들고 민영익을 총판으로 삼다.
4.17 의정부가 거문도를 점령했던 영국군이 철수했다고 보고하다.
4.26 부사과 서행보가 갑신흉적의 명령을 반포한 신기선과 박영효, 박영교를 도운 지석영의 처벌을 청하다.
8.17 일본 배가 가파도에서 전복을 따다가 모슬포에 상륙한 뒤 약탈과 살인을 저지르다.
10.29 좌의정 김홍집을 총리대신에 제수하다. 전환국의 조폐창과 기기국의 기기창이 완공되다.

1888 고종 25년

2. 8 남로의 전선 건설 사업은 우리나라 사람이 배워서 행하게 하라고 명하다.
2.20 김종직, 정구의 사손이 소과 초시의 방에 있다며 회시 합격자 명단 끝에 붙이게 하다.
4.19 심순택, 김홍집을 불러 영제를 바꾸는 일을 의논한 뒤 6개의 영을 3개의 영(통위영, 장위영, 총어영)으로 재편성하게 하다.
9.30 심순택을 영의정으로, 김홍집을 좌의정으로 삼다.
10. 8 동래항을 통해 다른 나라의 쌀이 들어와 쌀값이 떨어지다.
11.10 화륜선 2척만으로는 부족하다며 짐을 운반하는 배와 삯배도 이용해 곡식을 운반하게 하다.

1889 고종 26년

1.13 길주 백성의 소요가 일어나다.
1.30 정선군에서 백성의 소요가 일어나다.
6.28 의정부가 인제와 통천의 민란에 대해 설명하다.
9.17 광양에서 일어난 민란에 대해

조사하도록 명하다.
11.14 수원에서 소요가 일어나다.

1890 고종 27년

2.11 대왕대비전과 왕대비전에 존호를 더하고, 왕세자가 왕과 중궁전에 존호를 올리다.
3. 8 민유중의 종묘 배향을 명하다.
4.17 대왕대비가 승하하다.
8.30 대왕대비를 장사 지내다.
11.23 미국인 클래런스 그레이트하우스를 내무부 협판사로 삼고 외국 법률에 관한 사무 처리를 명하다.

1891 고종 28년

8.22 일본 배들이 증명서도 없이 제주에 정박해 약탈하고 살인을 저지르다.
12.29 왕자 이강에게 의화군의 작위를 내리다.

1892 고종 29년

3.10 함흥에서 소요가 일어나다.
5.29 오스트리아와 수호통상조약을 체결하다.
9.17 용호영, 총어영, 경리청을 모두 친군이라 부르게 하다.
11. 2 회령에서 소요를 일으킨 백성에 대한 처리를 명하다.

1893 고종 30년

2. 2 심순택을 영의정으로, 조병세를 좌의정으로 삼다.
2.18 진사 이건중이 사학(동학)의 엄단과 상소하는 무리를 처벌할 것을 청하다.
2.25 홍문관이 동학의 우두머리를 목 벨 것을 청하다.
2.28 의정부가 서울과 지방에 통지해 동학의 소두를 체포하고 엄히 조사해 실정을 캐낸 후 그 우두머리는 형벌을 내리고, 잔당은 잘못을 깨우치게 만들어야 한다고 아뢰다.
3.25 대신들과 동학 문제를 논의한 뒤 어윤중을 충청과 전라의 선무사로 삼다. 이때 왕은 청국 군사를 빌리기를 희망했으나 대신들이 반대하다.
3.30 선무사 어윤중이 보은군 난민을 타일러 해산시켰다고 보고하다.
4. 1 충청과 전라에 윤음을 내려 괴수를 사로잡아 바치거나 종적을 신고하는 자에게는 상을 내릴 것이고 도망쳐온 자는 용서하겠다고 하다.
8.21 부호군 이건창이 소를 올려 군인을 보내 동학의 무리를 다 토벌해야 한다고 주장하다. 전 정언 안효제가 소를 올려 진령군을 비판하다.
10.23 은언군의 사손인 이완용은 나이에 구애되지 말고 벼슬에 추천하라고 명하다.

1894 고종 31년

1. 9 전라도 관찰사 김문현이 전 고부 군수 조병갑을 다시 그 자리에 제수하라고 청하다.
2.15 전라도 관찰사 김문현이 고부에서 난을 일으킨 백성에 대해 보고하다.
3. 9 청나라 병선이 김옥균의 시체를 싣고 와 월미도에 정박하다.
4. 2 홍계훈을 양호 초토사로 삼다.
4. 4 좌의정 조병세가 고부의 민란은 한 가지 폐단이라도 바로잡아 백성의 기대에 부응하지 못했기 때문이라고 아뢰다.
4. 6 인천을 떠난 경군이 군산포에 상륙하다.
4.12 회덕 난민이 흩어졌다는 보고가 올라오다.
4.18 전라도 관찰사 김문현을 간삭하고 조병갑을 잡아오게 하다.
4.27 인정전에 나아가 김옥균이 처단된 데 대해 축하를 받고 대사령을 내리다. 전라 감영이 동학 무리에게 함락되다.
5. 1 청군 1,500명이 두 척의 군함에 타고 아산으로 들어오자 공조 참판 이중하를 청 함대의 영접관으로 삼아 보내다.
5. 4 조병갑을 한 차례 형장하고 원악도에 안치하다.
5. 9 전주성이 회복되다.
5.23 편전에 나아가 일본 공사 오토리 게이스케를 접견했는데, 그가 조선의 내정개혁안을 건의하다.
6.11 교정청 설치를 명하다.
6.20 김병시를 영의정에 제수하다.
6.21 일본 군사들이 대궐을 점령하고, 흥선대원군이 입궐해 개혁 문제를 주관하다.
6.22 모든 서무에서 중요한 사안이면 흥선대원군의 결재를 받으라고 명하다. 좌찬성 민영준, 전 통제사 민형식, 전 총제사 민응식을 원악도에 안치하다. 가극 죄인 이도재, 안치 죄인 신기선 등을 풀어주다.
6.23 부호군 이남규가 일본 군사의 난입이 부당하다는 것과 청에 군사를 청한 것이 잘못이었다고 아뢰다.
6.25 김홍집을 영의정에 제수하다. 군국기무처를 차비문 근처에 두다.
7. 1 군국기무처에서 개국기년 사용 등을 건의하다.
7. 2 군국기무처에서 천인 신분 해방 등을 건의하다.
7. 5 전 형조 참의 지석영이 소를 올려 민영준과 진령군을 죽일 것을 청하다.
7. 9 호서 이인역에 동학 무리가 모였다는 보고에 정경원을 호서 선무사로 삼아 내려보내다.
7.10 군국기무처에서 모든 세금을 돈으로 바치게 할 것과 은행 설립, 미곡 무역 허용 등을 건의하다.

7.11 군국기무처가 도량형 통일 등을 건의하고, 신식화폐발행장정이 마련되다.
7.15 김홍집을 의정부 총리대신으로, 이재면을 궁내부 대신으로 삼다. 군국기무처가 지석영의 소는 공론이라며 민영준, 진령군과 민형식까지 처벌할 것을 청하자 진령군에 대해서는 받아들이고 민영준과 민형식은 이미 처분했다고 답하다.
7.17 민영준, 민형식을 위리안치하다.
7.18 각 아문의 소속 관청을 정하다.
7.22 청일전쟁 지원을 내용으로 하는 조일동맹조약이 체결되다.
7.30 동학당 수천 명이 성 안에 난입해 무기 등을 빼앗아갔다는 보고가 올라오다.
8. 1 박영효가 사정을 하소연하는 글을 제출하니 받아들이다.
8. 4 박영효의 죄명을 말소하다.
8. 9 영천군 난민 수천 명이 관아에 뛰어들어 군사 대장을 불태우다.
8.22 연좌제를 금지하다.
9.10 평안도 곳곳의 수령들이 도주했다는 보고가 올라오다.
9.17 동학당이 남원부를 점령하다.
9.22 호위부장 신정희를 양호 도순무사로 삼아 보내다. 이때 남원에 모인 비적(동학군)이 5~6만 명이라고 보고하다.
9.25 지석영을 토포사로 삼다.
9.28 호서의 비적들이 호남의 비적들에게 원군을 청했다고 보고하다.
10. 1 관동에도 비적이 출몰한다 하여 토포사를 보내기로 하다.
10. 2 동학군이 제천과 음죽의 무기를 빼앗아가다.
10.23 일본 공사 이노우에 가오루가 20개의 개혁안을 제출하다.
10.25 흥선대원군의 재가를 받도록 한 6월 22일의 하교를 거두다.

10.27 목천 세성산에서 수천 명의 동학군을 물리치다.
11. 4 토벌에 나선 일본군을 칭찬하고 지원할 것을 명하는 윤음을 내리다. 회덕 전투에서 동학군 수십 명을 쏘아죽이고 적들은 흩어졌다는 보고가 올라오다.
11.13 갑신년 관련자들의 죄명을 말소하다.
11.16 지난 8일에 비적 수만 명이 포위하자 2개 소대와 일본군이 함께 격퇴했다는 보고가 있다.
11.20 청나라 상인을 보호하는 규칙을 마련하다.
11.21 박영효를 내무 대신으로, 서광범을 법무 대신으로 삼다.
12. 5 양호 도순무영이 비적 37명을 사살한 내용을 포함한 승전 보고를 올리다.
12. 6 지난 12월 2일에 김개남을 생포했다는 보고가 있다.
12.10 지난 12월 9일에 전봉준을 생포해서 압송한다는 보고가 있다.
12.12 종묘에 홍범14조를 고하다.
12.16 군신간의 예절을 간소화하고, 의정부를 내각으로 고쳐 궐 안에 둔다는 등의 조칙을 내리다.
12.17 주상 전하를 대군주 폐하로 바꾸는 등 왕실의 존칭을 고치다.
12.27 능지처참 등의 잔혹한 형벌을 폐지하다.

1895 고종 32년

2. 2 교육 강령을 내리다.
3. 1 서재필 등 9명의 관작을 회복하다.
3. 5 일본 은행과 300만 원의 차관조약을 맺다.
3.10 내무아문이 각 도의 백성에게 우리 역사와 글을 가르칠 것, 남편의 폭력 금지,

조혼 금지, 병에 무당이나 주술을 동원하는 것 금지, 각 동리의 총, 칼, 화약 등을 거둘 것 등을 훈시하다.
3.12 8도의 환곡을 사환으로 고쳐 부르고 지방관이 간섭하지 못하게 하다.
3.24 종정경 이준용의 이름이 죄인의 공초에서 나오자 특별법원을 설치해 재판케 하다.
3.25 재판소구성법을 반포하다. 내각관제, 중추원관제 등을 반포하다.
3.29 승려의 도성 출입 금지 조치를 해제하다. 전봉준, 손화중 등 5인을 교형에 처하다.
4. 5 예복 중 답호를 없애고 관리나 백성 모두 검은 두루마기를 입도록 하다.
4.19 특별법원에서 동학당과 연결해 왕과 왕비, 대신들을 제거하려 했다는 혐의로 이준용, 박준양 등 27명을 심리하고 판결하다. 그중 5명은 교형에, 이준용은 종신 유형에 처하다.
4.27 내부 대신 박영효에게 총리대신의 사무를 대리하게 하다.
5. 8 학부 대신 박정양을 내각 총리대신에 임명하다.
윤 5. 9 봉수대와 봉수군을 폐지하라 이르다.
윤 5.14 반역을 꾀했다며 박영효를 엄히 조사하여 죄를 다스리라고 명하다.
윤 5.20 원구단의 건축을 명하다.
윤 5.28 김홍집을 중추원 의장으로 삼다.
6.12 이준용을 풀어주다.
7. 5 김홍집을 총리대신으로, 어윤중을 중추원 의장으로 삼다.
8.20 묘시에 왕후가 곤녕합에서 흥서하다. 이날 시위대장 홍계훈은 광화문 밖에서 살해되다.
8.22 왕후를 폐서인하다.
8.23 왕태자의 상소에 폐서인한 민씨를 빈으로 삼다.

9.1 이준용을 사면하고 등용을 명하다.
9.9 태양력을 쓰되, 개국 504년 11월 17일을 505년 1월 1일로 삼게 하다.
9.28 장동, 계동 등 네 곳에 소학교를 세우고 오륜행실, 우리나라 역사와 지리, 국문, 산술, 외국 역사와 지리 등을 가르치게 하다.
9.29 인정과 파루를 중단하다.
10.10 왕후 민씨의 위호를 회복하고, 8월 20일 사건의 관련자들을 체포하여 엄히 신문하여 형벌을 내리라고 명하다.
10.11 법부에서 임최수와 이도철을 심문하고 처리하기를 청하니 윤허하다.
10.15 왕후가 지난 8월 20일 곤녕합에서 승하했다고 반포하다. 민영준의 죄를 씻어주고 다시 벼슬에 올리라고 명하다.
10.25 서광범을 미국 주재 특명전권공사로 삼다.
11.14 법부에서 박선을 왕후 시해 당사자로 판결해 교형을 선고하다.
11.15 왕이 단발을 하다. 총리대신 김홍집이 연호를 건양으로 의정해 올리니 따르다. 춘생문 사건의 관련자인 이재순, 임최수, 이도철 등에 대한 판결 선고서를 정하다.

1896 고종 33년

1.7 특진관 김병시가 단발령에 반대하는 소를 올리다.
1.11 단발에 대해 설명하고 자신을 따라 단발할 것을 권하는 명을 내리다.
1.31 친위대가 안동의 폭도를 격파하고 안동부에 들어가 주둔하다.
2.11 왕과 왕태자가 러시아 공사관으로 옮기다. 김병시를 내각 총리대신으로, 박정양을 내부 대신(총리대신, 궁내부 대신 서리)으로, 이완용을 외부 대신(학부, 농상공부 대신 서리)으로 삼다. 김홍집과 전

농상공부 대신 정병하가 백성에게 피살되다. 도망친 죄인 유길준, 조희연, 우범선, 이범래 등을 잡아오게 하다.
2.14 민영준과 민형식의 사면을 철회하다.
2.16 민영준과 민형식을 교동에 10년 유배하다.
2.17 어윤중이 고향으로 돌아가다가 백성에게 살해되다.
2.18 의병들의 해산을 권고하다.
2.20 임최수와 이도철의 관작을 회복하라고 명하다.
2.25 최익현이 소를 올려 두 차례나 역괴의 소굴이 되었다며 일본을 비판하고, 의병을 옹호함과 아울러 단발령을 철회할 것을 청하다.
3.29 미국인 제임스 모스에게 경인철도의 부설권을 주다.(하지만 이해 5월 일본인에게 넘김.)
4.9 의병장들을 석방하라 명하다.
4.17 제임스 모스에게 운산금광 채굴권을 주다.
4.22 윤용선을 내각 총리대신으로 삼다.
5.14 제1차 러일협상이 체결되다.
6.9 제2차 러일협상이 체결되다.
6.13 어윤중 살해자들을 처벌하다.
7.3 프랑스 회사에 경의철도 부설권을 주다.
7.24 종묘 등의 제사를 모두 옛 법대로 돌리고 옛 역서의 날짜로 하도록 하다.
8.10 경운궁을 수리하라 명하다.
9.9 러시아인 율 브리너의 회사에 압록강 유역과 울릉도의 벌목권과 양목권을 주다.
9.24 내각을 폐지하고 다시 의정부로 돌리다. 김병시를 의정부 의정으로, 민영준을 중추원 의장으로 삼다.
9.27 민영준이 해명하는 소를 올리다.
11.21 독립협회가 독립문의 기공식을 갖다.

1897 고종 34년

2.1 지난해 10월에 대신들을 살해하고 왕을 모시고 환궁하는 거사를 도모했던 한선회, 이창렬 등에 대한 공소 심리와 처벌이 있다.
2.20 왕이 경운궁으로 돌아오다.
4.12 독일인 카를 볼터에게 광산 채굴권을 허락하다.
5.1 전 승지 이최영 등이 황제 즉위를 청하다.(이후 비슷한 상소가 이어지다.)
7.3 목포와 증남포를 개항하기로 하다.
8.14 연호를 광무로 정하다.
10.1 의정부 의정 심순택, 특진관 조병세 등이 백관을 거느리고 황제 즉위를 청하다.
10.3 황제 즉위를 수락하다.
10.11 국호를 대한으로 정하다.
10.12 황제의 자리에 오르다.
10.13 국호를 대한으로, 연호를 광무로, 종묘와 사직의 신위를 태사, 태직으로 고쳤음을 알리는 황제의 반조문을 내리다.
11.22 진시에 명성황후의 관을 현궁에 내리다.
12.8 명성황후의 졸곡제를 행하다.

1898 고종 35년

1.8 여흥부대부인이 세상을 뜨다.
2.2 흥선대원군이 세상을 뜨다.
4.16 전 비서원 승 홍종우가 조선은 천하의 요충지라며 주변국을 공평하게 대우해 자주권을 지키자는 소를 올리다.
5.12 운현궁에 나아가 진향을 행하다.
5.26 성진, 마산, 군산을 개항하고 평양에 시장을 열다.
6.29 각국의 예를 따라 직접 육해군을 통솔하겠다는 것과 황태자를 원수로 삼겠다는 뜻을 밝히다.
7.2 육군을 늘리고 해군제도를 마련하라 명하다.

7.18 최시형에게 교형을 선고하다.
7.19 독일인 카를 볼터에게 강원도 금성광산의 채굴권을 주다.
7.21 김병시를 의정부 의정으로 삼다.
7.22 황제를 폐하고 황태자를 옹립하자는 청년애국회 명의의 흉서가 우편으로 일시에 전해지다.
8.14 법부 대신 신기선이 안경수, 김재풍 등에 의한 황태자 대리 기도 사건에 대해 아뢰다.
8.25 탐욕을 부린 죄를 물어 김홍륙에게 볼기 100대와 종신 유형의 벌을 내리다.
9.12 황제와 태자의 건강이 동시에 나빠진 데 대해 철저히 조사키로 하다.
9.16 김병시가 졸하다.
9.23 심순택을 의정부 의정에 제수하다.
10. 4 전 승지 이최영이 독립협회를 비판하는 소를 올리다.(이후 비슷한 상소가 여럿 이어지다.)
10.10 황제와 황태자를 독살하려 한 김홍륙 등을 교수형에 처하다.
10.11 윤치호 등이 심순택 등 7명의 대신을 탄핵하다.
10.20 독립협회의 활동을 제한하라 명하다.
10.30 의정부 참정 박정양이 만민공동회에서 주장한 6개 강령을 보고하다.
11. 4 협회라 이름 붙은 것은 모두 혁파하고, 민회로부터 재촉을 받고 6조의 결재를 청한 대신들을 파면하라고 명하다.
11. 6 만민공동회라는 이름으로 패거리를 모으는 자들을 법으로 다스리라고 명하다.
11.12 전 승지 윤길병 등이 독립협회를 옹호하고 조병식, 민종묵 등을 5흉으로 지적하며 공격하다.
11.17 고영근이 협회를 옹호하고 민회 허락을 청하는 소를 올리다.
11.24 수천 군중이 모인 지 여러 날인데 보부상들이 난동을 부려 쫓아내다.
11.26 인화문 밖에 나아가 백성을 불러 타이르다.
12.10 찬정 최익현이 소를 올려 민당을 혁파할 것과 차관에 대한 경계, 옛 군법으로의 복귀, 을미년 관련자 토역, 장발과 소매 넓은 옷을 입을 것 등을 주장하다.
12.25 민회의 11가지 죄를 거론하며 그간의 죄는 용서하겠으니 서로 이끌고 물러가라고 명하다.

1899 고종 36년

1. 3 중추원 회의 때 망명죄인들이 뒤섞여 추천되었는데도 옳다고 한 의관 5명을 해임하다.
4. 4 중학교 관제를 반포하다.
4.24 박영효와 연계해 황제를 태상황으로, 이준용을 황제로 세우려 한 권형대, 장윤상 등의 역모 사건에 대해 보고하다.
5.17 전차 개통식이 있다.
5.26 어린아이가 전차에 치여 죽자 사람들이 기름을 부어 전차를 태워버리다.
6.22 대황제가 육해군을 통솔한다는 등의 원수부규칙이 반포되다.
8.17 조선이 자주독립국이고, 전제정치체제이며, 황제는 무한한 군권(君權)을 갖는다는 대한국국제가 반포되다.
9.27 영국인 제임스 머독에게 광산 채굴권을 허락하다.

1900 고종 37년

1.29 윤용선을 의정부 의정으로 삼다.
2. 9 강성형, 윤세용 등이 박영효와 연계해 황제 등을 경복궁으로 옮기고 간신들을 제거한 뒤 평양 천도를 꾀한 사건을 보고하다.
4.17 훈장조례와 서구의 복제를 수용한 문관복장규칙을 반포하다.
5.27 1894년 당시 왕비의 세력을 뿌리까지 제거해야 한다는 이준용의 흉모를 듣고도 고발하지 않은 죄 등을 물어 권형진과 안경수에게 교형을 선고하다.
6. 4 대신들이 이준용의 처벌을 청했으나 받아들이지 않다.
6.21 특진관 이재순이 홍릉(洪陵)의 자리가 좋지 못하다는 여론이 있다며 옮길 것을 청하다.
6.24 홍릉을 옮기는 도감을 설치하라고 명하다.
8.17 이강을 의친왕으로, 이은을 영친왕으로 책봉하다.
11.12 경인철도 개통식이 있다.
12.19 (천장할 곳을 몇 차례 바꾼 후 군장리로 정하고) 홍릉에서 옛 능을 열다.
12.31 일본에 가서 박영효를 만나 한국 문제를 논의하고 돌아와 돈을 마련하려 한 이승린과 이조현 등에게 태형 100대와 종신 유형을 내리다.

1901 고종 38년

2.12 금화를 본위 화폐로, 은화, 백동화, 적동화를 보조 화폐로 하는 화폐조례가 반포되다.
3.23 한국·벨기에 수호통상조약이 체결되다.
5.31 제주도 대정군에 소요가 일다.
6. 7 프랑스인 살타렐에게 평북 창성군 금광 채굴권을 주다.
10. 9 제주 소요와 관련해 오대현, 이재수, 이강에게 교형을 선고하다.
12.28 조병식이 1892년의 함경도 방곡령에 대해 해명하다.

1902 고종 39년

1.27 국가(國歌)를 제정하라 명하다.

3.19 한성과 인천 사이에 전화를 설치하는 일에 대한 통신원령 제1호를 반포하다.
4.13 함흥에서 백성의 소요가 일다.
5. 1 김규홍이 두 개의 수도에 대해 건의하다.
5. 6 평양에 행궁을 두고 서경으로 부르게 하다.
6. 3 서경 공사가 시작되다.
7.15 한국·덴마크 수호통상조약이 체결되다.
12.18 능을 해친 지 한 해가 넘었는데도 천장이 행해지지 못해 도로 봉분케 하다.
12.20 천연두 치료법이 효과를 나타내고 있다며 의학 교장 지석영에게 훈장을 내리다.

1903 고종 40년

1.18 서경 창건 공사로 인해 평안도의 세금을 2년 동안 줄여주도록 하다.
3.19 다섯 방위의 큰 산과 진산, 네 방위의 바다와 강을 정하다.
5.25 윤용선을 의정부 의정에 임명하다.
8.11 이범윤을 간도에 주재시키다.
9.12 이근명을 의정부 의정에 임명하다.
11. 6 서경의 태극전과 중화전 공사가 완공되다.
11.23 장차 일본과 러시아가 전쟁할 때 중립을 지키겠다고 선언하다.
12. 3 도피 중인 죄인 고영근이 역적 우범선을 죽이고 일본 경찰에 체포되었다는 보고가 있다.
12.19 김재풍, 윤효정, 고영근이 우범선을 죽인 전말을 보고하다.
12.25 순비 엄씨를 황귀비에 봉하다.

1904 고종 41년

1.13 파나마의 독립을 승인하다.

2. 6 일본과 러시아 사이의 국교가 단절되다.
2. 9 일본이 인천에서 러시아 함대를 기습하다.
2.10 일본이 러시아에 선전포고를 하다.
2.23 한일의정서를 체결하다.
3.11 유길준과 연계해 정변을 도모한 장호익, 조택현 등 8명을 참형에 처하다.
3.18 함녕전에서 황태자와 함께 이토 히로부미를 접견하다.
3.23 지난해 4월 이후 러시아가 차지했던 용암포를 통상 항구로 만들다.
4.14 경운궁에 불이 나 함녕전, 중화전 등이 모두 타다.
6.22 고려 왕릉인 소릉이 도굴되다.(이후 비슷한 사건이 계속되다.)
8.22 재정, 외교 고문을 두고, 관련한 사안은 모두 고문에게 물어 시행한다는 내용의 제1차 한일협약이 체결되다.
9. 2 의정부 참정 신기선이 황제의 행태에 대한 강경한 비판소를 올리다.
9.15 시흥군 백성 수천 명이 군수와 그의 아들, 외국인 2명을 해치고, 직산군 광부 수천 명도 군수를 해치다.
9.22 동학 무리를 소탕하라고 명하다.
9.24 일본인 30여 명에게 각급 훈장을 내리다.(이후 비슷한 일이 허다했다.)
11. 5 이근명을 의정부 의정으로 삼다. 황태자비 민씨가 홍서하다.
11.13 홍릉을 옮기기 위해 설치한 두 도감을 없애라고 명하다.
12.27 미국인 더럼 스티븐스를 외부 고문에 초빙하다.

1905 고종 42년

1.18 봉조하 김병국이 졸하다. 금본위제의 실시와 구화 교환 등을 담은 화폐조례가 실시되다.

4. 1 우편, 전신, 전화의 관리를 일본 정부에게 위탁한다는 일한통신기관협정서가 체결되다.
4.29 《형법대전》이 완성되어 반포하다.
6.23 지평과 양근에서 의병이 일진회원 8명을 쏘아 죽이다.
6.24 화폐교환소가 설치되다.
7.19 지석영의 상소에 기초해 국문실시안이 마련되다.
8. 1 멕시코에 이민 가서 고생하는 백성이 돌아올 수 있도록 하라고 명하다.
8.12 조선에서 일본이 차지하는 특별한 지위를 인정하고 보호조치 권리를 인정하는 제2차 영일동맹이 체결되다.
9. 5 포츠머스조약이 체결되다.
10.18 의병 소탕을 명하다.
11.10 일본 특파대사 이토 히로부미를 접견하고, 이 자리에서 이토 히로부미가 국서를 올리다.
11.15 이토 히로부미와 하야시 곤스케 공사를 접견하고 협약문 초안을 받다.
11.17 을사조약을 체결하다.
11.19 특진관 이근명이 조약을 맺은 대신들의 처벌을 청하다.
11.23 조병세가 청대해 박제순의 형벌을 정하고, 조약에 참여한 대신들을 나라를 판 죄목으로 다스릴 것과 조약의 무효화를 선언할 것을 청하다.(이후 비슷한 주장이 빗발치다.)
11.25 안병찬이 오적의 머리를 잘라 거리에 달아매고, 각국에 공문을 보내 조약의 허위성을 폭로할 것을 청하다.
11.30 민영환과 주영 서리공사 이한응이 자결하다.
12. 1 조병세가 자결하다.
12. 4 학부 주사 이상철과 3대의 상등병 김봉학이 자결하다.
12.14 이완용이 을사조약이 이미

성립되었으니 각국 주재 공사들을 소환할 것을 청하니 따르다.
12.16 이완용, 박제순 등 5인이 소를 올려 사직을 청하며 자신들을 변명하다.

1906 고종 43년
1. 5 전 주사 오병서가 이완용 등의 주장을 반박하는 소를 올리다
2. 1 일본이 경성에 통감부를 설치하다.
2. 2 경연관 송병선이 자결하다.
2.17 간밤에 (오적의 일원인) 군부 대신 이근택의 집에 자객이 들어 참상을 입혔다는 보고가 있다.
4. 3 경의철도가 완공되다.
4.25 경운궁의 대안문을 대한문으로 고치라 명하다.
5.25 의병 해산을 촉구하다.

1907 고종 44년
1.24 중화전에 나아가 윤씨를 황태자비로 봉하다.
2. 1 일본이 도쿄에 통감부 파출소를 설치하다.
6.11 박영효를 특별히 석방하다.
6.13 박영효의 직첩을 돌려주다.
6.14 내각 관제가 마련되다. 이완용을 내각 총리대신에 임명하다.
6.22 김윤식을 풀어주다.
7. 3 의병장 민종식의 공초 초본과 행적 등을 보고하다.
7. 6 오적을 처단하려 한 나인영, 오기호 등의 공초를 보고하다.
7.11 총리대신 이완용과 법부 대신 조중응의 건의에 따라 최제우와 최시형의 죄명을 말소하다.
7.15 이재선에게 직첩을 돌려주다.
7.18 황태자에게 대리케 한다는 교지를

내리다.

1907 순종 즉위년
7.19 명을 받들어 대리청정을 행하고 이어 황제의 자리를 이어받다.
7.20 헤이그 밀사들을 처벌하다.
7.24 정미7조약이 체결되다.
7.30 성벽처리위원회에 관한 내각령 제1호를 공포하다.
7.31 조서를 내려 군대를 해산하다.
8. 2 연호를 융희로 정하다.
8. 7 영친왕 이은을 황태자로 삼다.
8.23 일본이 통감부 파출소를 간도 용정촌으로 옮겨 사무를 시작하다.
8.27 돈덕전에 나아가 황제 즉위식을 거행하다.
9. 6 김홍집, 조희연, 유길준 등의 죄명을 씻어주다.
11.19 황태자를 일본에 유학시키도록 명하다.
12. 5 황태자가 일본으로 떠나다.

1908 순종 1년
3.23 미국인 외교 고문 더럼 스티븐스가 휴가를 받고 본국으로 갔다가 샌프란시스코에서 전명운과 장인환에게 피살되다.
4.10 통감부 임시 간도 파출소 관제를 발포하고 파출소장을 임명하다.
7.23 제사 제도 개정에 대해 반포하다.
8.26 동양척식주식회사법을 반포하다.
10. 8 내란죄로 이강년을 교형에 처하다.
10.13 내란죄로 허위를 교형에 처하다.

1909 순종 2년
1. 7~1.13 남쪽 지방으로 순행을 떠나 대구, 부산, 마산 등지를 돌아보다.

1.27~2. 3 서쪽 지방으로 순행을 떠나 개성, 평양, 의주 등지를 돌아보다.
4.12 내부 대신은 수시로 간도에 소속 직원을 파견하게 하고, 파견된 직원은 통감부 임시 간도 파출소장의 지휘를 따르게 하다.
7.12 사법과 감옥에 관한 사무를 일본에 위탁하는 약정서가 작성되다.
7.30 군부와 무관학교를 폐지하다.
8.16 한국은행 설립 협정서가 작성되다.
9. 4 간도에 관한 일본과 청의 협약이 체결되다.
9.13 내란범 이인영을 교형에 처하다.
10.26 황태자가 오늘 오전 9시 하얼빈 역에서 이토 히로부미가 한국인 안중근에게 저격당했다고 전보하다.
12. 4 일진회장 이용구가 100만 회원 연명으로 합방성명서를 발표하다.
12.22 이완용이 이재명의 칼에 찔리다.

1910 순종 3년
6.24 경찰 사무를 일본에 위탁하는 약정서가 작성되다.
7.25 통감 데라우치 마사타케가 국서를 바치다.
8.22 국무 대신, 황족 대표자, 문무 원로 대표자들이 모여서 한일병합조약안에 대해 어전회의를 갖다. 한일합병조약이 체결되다.
8.23 토지조사법을 반포하다.
8.24 통감부가 경무 총감부령으로 당분간 정치 집회와 옥외에서의 대중 집회를 금하다.
8.29 일본국 황제에게 통치권을 넘기다.

조선과 세계

조선사

- 1885 영국 함대, 거문도 점령
- 1886 프랑스와 통상조약 체결
- 1887 영국 함대, 거문도에서 철수
- 1888 승정원 화재로 《승정원일기》 300여 권 소실
- 1889 전국 각지에서 민란 발생
- 1890 미국 선교사가 최초의 한영사전 편찬
- 1891 일본 어선이 제주에 정박해 약탈과 살인 자행
- 1892 동학교도, 삼례집회 개최
- 1893 동학교도, 보은집회 개최
- 1894 동학농민운동
- 1895 을미사변
- 1896 아관파천
- 1897 조선을 대한으로 개칭
- 1898 독립협회, 만민공동회 개최
- 1899 대한국국제 반포
- 1900 경인철도 개통식
- 1901 제주도, 이재수의 난
- 1902 프란츠 에케르트가 작곡한 국가(國歌) 제정
- 1903 황성기독교청년회 창설
- 1904 한일의정서 체결
- 1905 을사조약 체결
- 1906 이토 히로부미, 초대 통감으로 부임
- 1907 헤이그 밀사 사건으로 고종 퇴위, 순종 즉위
- 1908 동양척식주식회사법 반포
- 1909 안중근, 이토 히로부미 암살
- 1910 한일병합

세계사

- 프랑스, 파스퇴르, 광견병 백신 개발
- 미얀마, 영국에 합병
- 청, 포르투갈에 마카오 할양
- 독일, 빌헬름 2세 황제 즉위
- 일본, 제국헌법 선포
- 독일, 비스마르크 체제 종식
- 러시아, 시베리아 횡단철도 건설 시작
- 프랑스, 쿠베르탱, 올림픽 부활 제창
- 라오스, 프랑스의 보호령이 됨
- 청일전쟁
- 청과 일본, 시모노세키조약 체결
- 제1회 아테네 올림픽 개최
- 제1회 시오니스트회의 개최
- 청, 변법자강 선포
- 청, 의화단 사건
- 오스트리아, 프로이트, 《꿈의 해석》 출간
- 오스트레일리아 연방 성립
- 러시아, 시베리아 횡단철도 부분 개통
- 미국, 라이트 형제, 인류 최초 비행 성공
- 러일전쟁
- 일본과 러시아, 포츠머스조약 체결
- 러시아, 일본에 사할린을 할양
- 영국·러시아·프랑스, 삼국협상 체제 구축
- 불가리아, 독립 선언
- 오스만튀르크, 청년튀르크당, 정권 장악
- 미국, 루스벨트, 뉴내셔널리즘 발표

이후

1910
8.29 일본 천황이 조서를 내려 순종은 창덕궁 이왕으로, 고종은 덕수궁 이태왕으로 격하되고 한국은 조선으로 되돌려지다. 아울러 조선총독부가 설치되고 조선귀족령이 정해지다.
10. 7 박영효(후작), 이완용(백작) 등 75명에게 귀족 작위가 내려지다.
10.14 작위를 받은 이들 가운데 김석진이 자결하고, 조정구가 자결에 실패한 뒤 작위를 거부했으며, 윤용구, 한규설, 유길준, 민영달, 홍순형, 조경호는 작위를 반납하다.

1911
1. 9 왕세자가 학습원 중등과 1학년에 입학하다.
2. 1 이왕직의 사무분장규정이 마련되다.
5.17 경복궁을 총독부에 인계하다.
6.26 경희궁을 총독부에 인계하다.
7.20 귀비 엄씨가 훙서하다.

1917
3.22 이준(이준용)이 훙서하다.
5. 9~5.16 순종이 함흥에 다녀오다.
5.25 왕세자가 육군사관학교를 졸업하다.
6. 8~6.28 순종이 일본에 다녀오다.
11.10 창덕궁 대조전에 불이 나다.
11.27 총독부와 의논해 전각을 중건하는 데 경복궁 전각을 옮겨 짓기로 하다.

1918
12. 5 왕세자와 방자 여왕의 혼례를 결정하다.

1919
1.21 덕수궁 함녕전에서 고종이 승하하다.
2.16 홍릉을 천장하다.
3. 4 고종을 홍릉에 합장하다.

1920
12. 9 왕세자가 육군대학에 입학하다.

1923
11.29 왕세자가 육군대학을 졸업하여 중대장으로 배치되다.

1925
3.24 덕혜옹주에게 일본 유학을 명하다.

1926
4.25 순종이 창덕궁 대조전에서 승하하다.

남은 이야기

망국 후의 황실

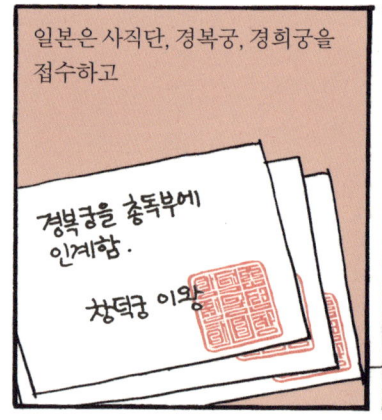

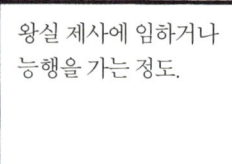

아비와

외세, 특히 일본과 손잡은 신하들로 인해

운신의 폭은 좁았어도, 그런 제한된 조건 아래에서 쓰러져가는 나라를 일으켜 세우려고 많은 노력을 했다.

그러나 먼저 간 부인처럼 그 역시 끝까지 전근대적 사고와 옛날 방식을 벗어던지지 못했다.

이는 러일전쟁의 와중에 보수파 대신인 신기선이 올린 소에서 확인된다.

점쟁이나 허튼 술법을 하는 무리들이 대궐 안에 가득합니다. 대신은 폐하를 뵐 길이 없고 하찮은 관리만 늘 폐하를 뵙게 됩니다 … 굿판이 대궐에서 벌어지고 장수를 빌러 명산으로 가는 무리들이 길을 덮었습니다.

도대체 뇌물은 무엇에 쓰는 물건이옵니까? 내탕고에 넣어 나라의 비용을 넉넉히 만들자는 것이 아닙니까? 아! 어찌 생각이 이다지도 모자라십니까?

이 두 가지는 하인이나 아녀자들도 모두 아는 것인데 명철하신 폐하만 깨닫지 못하는 것은 무슨 이치입니까?

그리고 결정적으로 그는 끝까지 나라보다 황실을 우선했다.

"무슨 소리야? 황실이 곧 나란데."

나라 안의 여러 세력을 나라의 자주독립과 근대화를 위해 통합해내려 애쓰기보다는 황실의 안녕을 위해 이용하는 모습을 자주 보였다.

우유부단함과 심지어 비굴함으로 일관했던 그의 처신은 이해할 만도 하지만

그래도 한 번쯤은 황제에서 퇴위될 때 이상의 결연함을 보여주어야 했다.

병합 때나 혹은 그 후라도.

고종의 죽음과 장례식은 국민의 반일감정을 자극해
3·1만세운동을 폭발시키는 계기가 되었다.

앞서 죽은 명성황후의 능은
청량리에 있었는데

진작부터 자리가 좋지 않다는 논의가 일어서
이때에 이르러 천장해 지금의 홍릉 자리로 옮겨왔고,
여기에 고종이 합장되었다.

고종이 죽고 7년이 지나
순종도 53세를 일기로
삶을 마무리했다.

순종은 아버지
고종의 옆에 묻혔는데

그때도 만세운동이 있었다.(6. 10.)

해방된 뒤 곤궁하게 살다가 1955년 세상을 떴는데, 부인이 많았던 터라 남긴 자식이 많다.

무려 12남 9녀.

영친왕 이은은 1897년 고종이 황제에 오른 직후 낳은 늦둥이다.

오옷! 응애

낳은 이는 귀비 엄씨.

그녀는 본디 명성황후의 나인이었는데

고종의 승은을 입었다.

허! 고것이! 이런 맹랑한 일이 있나?

화가 난 명성황후에 의해 사가로 내쳐졌지만

훌쩍

축하의 글

새로운 길을 개척한 후배에게 박수를 보내며

박재동(만화가)

　　나와 박시백 화백의 인연이 실타래처럼 풀려나온다. 박 화백은 1996년 내가 〈한겨레〉 시사만평인 '한겨레 그림판'을 떠나면서 뒤를 이어받은 만화가였다. 제주도 한림이 고향인 그는 어릴 때부터 만화를 무척 좋아하고 잘 그렸는데, 불행히도(?) 공부를 잘하는 바람에 명문대로 진학하고 말았다. 하지만 만화를 향한 애정이 강렬하다 보니 학교 생활에 만족하지 못하고 결국 만화가가 된 사람이다. 내 후임이 된 그가 나는 늘 신경 쓰였고, 그가 〈한겨레〉를 떠난 후에는 어떻게 만화가로서 생활할까 걱정도 했다. 만화가로서 산다는 게 쉬운 일이 아닌데…….

　　그러구러 세월이 흐른 어느 날 그는 엄청난 소식을 몰고 나타났다.《조선왕조실록》을 만화로 그리고 있다는 것이다. 나는 깜짝 놀랐다.
　　'이건 보통 일이 아닌데! 과연 소화할 수 있을까? 아니, 박시백 화백이라면 잘할 수 있을 거야!'
　　역시나 그가 내놓은 만화는 정말 잘 만든 작품이어서 나의 걱정이 파도 지나간 백사장처럼 한꺼번에 씻겨버렸다. 기뻤다. 이렇게 탄탄하게 잘해내다니! 책이 이어질수록 더욱 손이 풀리고 스토리도 잘 짜여갔다. 이것은 그야말로 사건이었다.

　　말로만 듣던《조선왕조실록》, 그 방대한 사료를 보통 사람들이 어떻게 접할 수 있을까? 접한다 하더라도 그 어려운 내용을 어떻게 읽을 수 있을까? 누가 이런 기획을 하고 실천할 수 있을까? 그런 문제들을 박 화백은 아주 멋지게 해결해주었다. 이제 누구나 조선왕조의 역사를 알고 싶으면《박시백의 조선왕조실록》을 보면 된다. 어린이부터 어른까지 재미에 폭 빠져들어 역사를 알게 해준 것이다. 이제 우리 국민의 역사 지식은 급상승할 것이다.

장장 13년 동안 꾸준히 한 권 한 권 값지게 출판되어오던 《박시백의 조선왕조실록》이 드디어 완간되었다. 전권 20권을 바라보고 있노라면 무척 자랑스럽고 사랑스러워 꼭 껴안아보고 싶다. 이루 말할 수 없이 뿌듯하고 흐뭇하다. 마치 《팔만대장경》을 끌어안아보는 기분이랄까.

스스로 기획하고 공부해서 만들어간 과정 또한 대견하다. 이렇게 꼼꼼히 학자처럼 공부하여 작품을 만들기란 쉬운 일이 아닌데 박 화백은 해낸 것이다. 그의 작업은 만화계 후배들에게 좋은 선례가 될 것이 틀림없다. 비단 만화계뿐만 아니라 우리 문화계 전체의 쾌거다.

다시 한 번 이런 기획을 하고 하나하나 매력 있게 풀어간 박시백 화백에게 박수를 보낸다. 그리고 박 화백의 기획을 알아봐주고 믿어준 휴머니스트 출판사에도 만화계의 한 사람으로서 감사의 인사를 드리고 싶다.

이런 작품을 보게 되면 이런 생각이 든다.
아, 산다는 건 좋은 일이야!

2013. 7.

The Veritable Records of the Joseon Dynasty

In the Joseon Dynasty, there were always officials who followed and monitored the king. They slept in the room adjacent to where the king slept, and they attended every meeting the king held. The king could not go hunting or meet a person secretly without these officials being present.

These officials were called 'Sagwan,' and they observed and recorded all details of daily events involving the king in turns, things that the king said, and things that happened to him. The drafts created by them were called 'Sacho.' Even the king himself was not allowed to read those drafts, and the compilation process only began after the king's death.

When the king passed away, the highest ranking governmental official would be appointed as the chief historical compiler. A research team would collect all the drafts and relevant supporting materials, select important records with historical significance, and organize them in a chronological order. The finished product was usually called 'Sillok,' which means veritable records.

The Veritable Records of the Joseon Dynasty features a most magnificent scale, as it is a record of all the events that occurred over 472 years, from the reign of King Taejo to the reign of the 25th King Cheoljong (1392~1863). It consists of 1,893 volumes and 888 books (total of 64 million Chinese characters). It was registered as a World Cultural Heritage in Records, by UNESCO in 1997.

Source: A Korean History for International Readers, Humanist, 2010.

Summary
The Fall of Joseon

A 500-Year-Old Dynasty Comes to an End

The inevitable trend toward modernization was borne out by the Gapsin Coup. In the ten years that followed, Joseon brought in various modern goods and institutions; nevertheless, the Joseon government remained unchanged. State-led reforms were financed from Joseon's dwindling public coffers. The people struggled to meet these shortages, but the taxes collected from them were not used effectively. The king spoke of modernization, but no political reforms followed. The ruling class, who considered themselves the stewards of reform, were unable to address the issues that arose and maintained outdated policies and systems. The cost of dismantling the old system was left to the people to pay. This ignited the Donghak Peasant Revolution.

Fighting against the influence of feudalists and foreign forces, the revolution began as a regional struggle that later spread throughout the country. However, the Joseon court requested assistance from Chinese and Japanese military forces to put an end to the revolts. After the revolution had been put down by these overwhelming foreign military forces, China and Japan fought for influence over Joseon's future. When Western powers joined the struggle over Joseon, the political situation in the country seemed dire.

Joseon's waning sovereignty finally met its end with the Japanese Annexation Treaty, which started a period of colonial rule that was both brutal and long. However, the fight for independence never ceased all throughout the 36 years of severe cold and hunger, torture and imprisonment, hangings and firing squads, and hardship and distress. It was because of these terrible atrocities that the Republic of Korea came to be.

세계기록유산, 《조선왕조실록》

《조선왕조실록》이란?

　　《조선왕조실록》은 국보 제151호이자 유네스코 세계기록유산(1997년 지정)으로 조선 건국에서부터 철종까지 472년간을 편년체로 서술한 역사 기록물이다. 총 1,893권, 888책이며, 한글로 번역할 경우 300여 쪽의 단행본 400권을 훌쩍 넘는 분량이다. 철종 이후의 기록인 《고종실록》과 《순종실록》도 있으나 이것은 일본의 지배하에 편찬된 터라 통상 《조선왕조실록》으로 분류하지 않는다. 《단종실록》, 《연산군일기》, 《선조실록》, 《철종실록》처럼 기록이 부실한 경우도 있는데 정변이나 전쟁, 세도정치라는 시대 상황이 낳은 결과이다. 또한 《선조수정실록》, 《현종개수실록》, 《숙종실록보궐정오》, 《경종수정실록》처럼 뒷날에 집권한 당파의 요구에 의해 새로 편찬된 경우도 있다. 하지만 원본인 《선조실록》, 《현종실록》, 《숙종실록》, 《경종실록》을 폐기하지 않고 함께 보존함으로써 당대를 더욱 정확히 알게 해준다. 이렇듯 《조선왕조실록》은 그 기록의 풍부함과 엄정함에 더해 놀라운 기록 보존 정신까지 보여주는 우리 선조들의 위대한 유산이다.

《조선왕조실록》은 어떻게 기록되었나?

　　조선은 왕이 사관이 없는 자리에서 관리를 만나는 것을 엄격히 금지했다. 또한 왕은 원칙적으로 사관의 기록(사초)을 볼 수 없었다. 신하들도 마찬가지여서 실록청 담당관을 제외하고는 누구도 볼 수 없었다. 그래서 사관들은 왕이나 권력자의 눈치를 보지 않고 보고 들은 일들을 있는 그대로 기록할 수 있었다. 왕이 죽으면 실록청이 만들어지고 모든 사관의 사초가 제출된다. 여기에 여타 관청의 기록까지 참조하여 실록이 편찬된다. 해당 실록이 완성되고 나면 사초는 모두 물에 씻겨졌다(세초). 이렇게 만들어진 실록은 여러 곳의 사고에 나누어 보관되는데, 이 또한 후대 왕은 물론 신하들도 열람할 수 없도록 했다. 선대의 왕들에 대한 기록이나 평가로 인해 필화 사건이 생기지 않도록 한 것이다. 이 같은 원칙들이 철저히 지켜졌기에 《조선왕조실록》이 오늘날까지 존재할 수 있었다.

도움을 받은 책들

《국역 조선왕조실록 CD-ROM》, 서울시스템주식회사, 1995.
강만길, 《고쳐 쓴 한국근대사》, 창비, 2006.
강순제 외, 《역사인물 초상화 대사전》, 현암사, 2003.
권오창, 《인물화로 보는 조선시대 우리 옷》, 현암사, 1999.
김구, 《백범일지》, 서문당, 2001.
김남수 외 엮음, 《100년 전의 한국사》, 휴머니스트, 2010.
김문식·신병주, 《조선 왕실 기록문화의 꽃, 의궤》, 돌베개, 2005.
김육훈, 《민주공화국 대한민국의 탄생》, 휴머니스트, 2012.
김육훈, 《살아있는 한국 근현대사 교과서》, 휴머니스트, 2007.
김장춘 엮음, 《세밀한 일러스트와 희귀 사진으로 본 근대 조선》, 살림, 2008.
김학준, 《서양인들이 관찰한 후기 조선》, 서강대학교 출판부, 2010.
김희영, 《이야기 일본사》, 청아출판사, 2004.
김희영, 《이야기 중국사》, 청아출판사, 1996.
박경희, 《연표와 사진으로 보는 일본사》, 일빛, 2003.
박영규, 《조선의 왕실과 외척》, 김영사, 2003.
박영규, 《한 권으로 읽는 조선왕조실록》, 들녘, 1996.
박은봉, 《한국사 편지》 4·5, 웅진, 2004.
박은식 지음, 김태웅 역해, 《한국통사》, 아카넷, 2012.
서영희, 《일제 침략과 대한제국의 종말》, 역사비평사, 2012.
신기수 엮음, 이은주 옮김, 《한일병합사 1875~1945》, 눈빛, 2009.
신명호, 《조선왕비실록》, 역사의아침, 2007.
신명호, 《조선의 왕》, 가람기획, 1998.
신순철·이진영, 《실록 동학농민혁명사》, 서경문화사, 2010.
오영섭, 《고종황제와 한말의병》, 선인, 2007.
윤정란, 《조선의 왕비》, 차림, 1999.
윤효정 지음, 박광희 편역, 《대한제국아 망해라》, 다산북스, 2010.
이돈수·이순우, 《꼬레아 에 꼬레아니 사진 해설판》, 하늘재, 2009.
이성무, 《조선시대 당쟁사》 2, 동방미디어, 2002.
이성무, 《조선왕조사》 2, 동방미디어, 1999.
이이화, 《이이화의 한국사 이야기》 18·19, 한길사, 2010.
이황직, 《독립협회, 토론공화국을 꿈꾸다》, 프로네시스, 2010.
장영숙, 《고종 44년의 비원》, 너머북스, 2010.
전국역사교사모임, 《살아있는 세계사 교과서》 2, 휴머니스트, 2005.
정교 지음, 조광 엮음, 변주승 역주, 《대한계년사》, 소명출판, 2004.
정숭교 지음, 《미래를 여는 한국의 역사》 4, 웅진지식하우스, 2011.
조선일보사, 《격동의 구한말 역사의 현장》, 조선일보사, 1986.
중국사학회, 《중국역사박물관》 10, 범우사, 2005.
최문형, 《명성황후 시해의 진실을 밝힌다》, 지식산업사, 2001.
최범서, 《야사로 보는 조선의 역사》 2, 가람기획, 2004.
패트리샤 버클리 에브리 지음, 이동진·윤미경 옮김, 《케임브리지 중국사》, 시공사, 2003.
한국고문서학회, 《조선시대 생활사》, 역사비평사, 1996.
한국생활사박물관 편찬위원회, 《한국생활사박물관》 10, 사계절, 2004.
홍순민, 《우리 궁궐 이야기》, 청년사, 2002.
황현 지음, 허경진 옮김, 《매천야록》, 서해문집, 2009.

박시백의 조선왕조실록 20 망국

1판 1쇄 발행일 2013년 7월 22일
2판 1쇄 발행일 2015년 6월 22일
3판 1쇄 발행일 2021년 3월 15일
4판 1쇄 발행일 2024년 6월 24일

지은이 박시백

발행인 김학원
발행처 (주)휴머니스트출판그룹
출판등록 제313-2007-000007호(2007년 1월 5일)
주소 (03991) 서울시 마포구 동교로23길 76(연남동)
전화 02-335-4422 **팩스** 02-334-3427
저자·독자 서비스 humanist@humanistbooks.com
홈페이지 www.humanistbooks.com
유튜브 youtube.com/user/humanistma **포스트** post.naver.com/hmcv
페이스북 facebook.com/hmcv2001 **인스타그램** @humanist_insta

편집주간 황서현 **편집** 최인영 박나영 강창훈 김선경 이영란 **디자인** 김태형 **사진** 권태균 **영문 초록** 박진아
번역 감수 김동택 David Elkins **조판** 프린웍스 **용지** 화인페이퍼 **인쇄** 삼조인쇄 **제본** 해피문화사

ⓒ 박시백, 2024

ISBN 979-11-7087-182-8 07910
ISBN 979-11-7087-162-0 07910(세트)

• 이 책은 저작권법에 따라 보호받는 저작물이므로 무단 전재와 무단 복제를 금합니다.
• 이 책의 전부 또는 일부를 이용하려면 반드시 저자와 (주)휴머니스트출판그룹의 동의를 받아야 합니다.

조선왕조실록 가계도 및 주요 인물
망국

( ) 이름, 재위년/생몰년 ═══ 배우자 │ 직계

═══ 귀인 장씨

└ 의친왕 강

○ **동학농민군의 지도자들**
전봉준 최시형 손병희

윤치호

안중근 이토 히로부미